이렇게
기막힌
적중률

제과·제빵기능사
필기+실기 올인원

2권 · 실기

"이" 한 권으로 합격의 "기적"을 경험하세요!

YoungJin.com Y.
영진닷컴

누구나 작성만 하면 100% 포인트 지급
합격 후기 EVENT

이기적과 함께 합격했다면,
합격썰 풀고 네이버페이 포인트 받아가자!

합격 후기
작성 시
**100%
지급**

네이버페이
포인트 쿠폰

25,000원

카페 합격 후기 이벤트

이기적 스터디 카페에
합격 후기 작성하고 5,000원 받기!

5,000원
네이버 포인트 지급

▲ 자세히 보기

블로그 합격 후기 이벤트

개인 블로그에
합격 후기 작성하고 20,000원 받기!

20,000원
네이버 포인트 지급

▲ 자세히 보기

- 자세한 참여 방법은 QR코드 또는 이기적 스터디 카페 '합격 후기 이벤트' 게시판을 확인해 주세요.
- 이벤트에 참여한 후기는 추후 마케팅 용도로 활용될 수 있습니다.
- 이벤트 혜택은 추후 변동될 수 있습니다.

이기적 스터디 카페 🔍

머리말

다양한 음식문화가 발전하고 있는 요즘, 제과·제빵 분야도 발전을 거듭하고 있습니다. 과자와 빵을 손쉽게 접할 수 있게 되면서 이를 직접 만들어 보고 싶다는 관심도 지속적으로 높아지고 있습니다.

이러한 관심이 제과·제빵기능사 자격증 취득으로 이어지고 있는 상황에서 독자분들께 제과·제빵 실기시험의 이해를 도와드리고자 작품별 공정과 합격생의 비법을 자세히 실었고, 무료 동영상 강의로 쉽게 성형을 확인할 수 있도록 준비했습니다.

음식을 만들 때 가장 중요한 것은 '위생'입니다. 그러므로 과자와 빵을 만들 때에도 위생은 당연히 중요한 것이고, 그에 못지않게 '준비와 정리'도 중요합니다. 어느 작품을 만들어도 반죽을 만들기 전에는 준비해야 할 것이 있고 만들면서는 함께 정리도 해야 합니다.

준비와 정리는 기본 중의 기본입니다.

본 교재는 제과·제빵 자격증 취득을 위한 도서이기는 합니다만, 과자와 빵을 만들 때 필요한 아주 기본적인 내용을 담고 있습니다. 또, 자격증뿐만 아니라 생산 현장에서도 기본적으로 알고 있어야 하는 내용이라고 생각합니다.

본 교재가 출간되기까지 많은 지원과 배려를 해 주신 문양순 학장님께 감사를 드립니다.

또한 오랜 기간 많은 도움을 주신 지혜정 교수님과 조교님, 여러 날 늦은 시간까지 동영상 촬영에 도움을 주신 사랑하는 제자분들에게도 진심으로 머리 숙여 감사를 드립니다.

끝으로 좋은 교재가 될 수 있도록 기회를 주시고 긴 시간 기다려 주신 ㈜영진닷컴 대표님과 항상 밝은 모습으로 함께해 주신 모든 임직원 여러분께 진심으로 감사드립니다.

이동철

차례

PART 02 제빵기능사 ·····

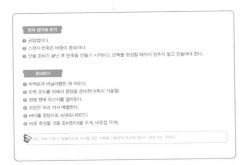

01 먼저 생각해 두기와 준비하기

과제를 받고 어떤 순서로 진행해야 하는지, 모양은 어떻게 해야 하는지, 무엇을 먼저 해야 하는지 미리 생각해두면 작업을 할 때 허둥지둥하지 않고 시간을 단축할 수 있어요.

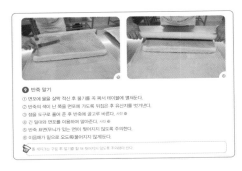

02 자세한 작업 과정

과제를 만들 때 어떤 과정을 통해 만드는 것이 효율적인지 사진과 함께 연습할 수 있어요. 중간중간 시험에 도움이 되는 팁도 적어 두었으니 많은 도움이 될 거예요.

03 핵심암기장 PDF

마지막 시험장에서도 각 과제를 정리할 수 있도록 준비했어요. 인쇄 후 잘라서 사용하세요.

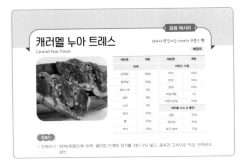

04 응용 레시피 북 PDF

전문가의 노하우가 담긴 레시피 북을 받아보세요! 공개과제 제조법을 응용한 특별 레시피가 한가득!

❶ 실시기관

한국산업인력공단

❷ 취득방법

① 자격종목 : 제과기능사, 제빵기능사

② 검정방법 : 작업형(2~4시간 정도)

③ 합격기준 : 100점 만점에 60점 이상

④ 응시자격 : 제한 없음

❸ 시험수수료

① 제과기능사 : 29,500원

② 제빵기능사 : 33,000원

❹ 실기시험 원서접수

① 접수 시 시험 날짜를 선택하며, 먼저 접수하는 수험자가 시험일자 및 시험장 선택의 폭이 넓음

② 실기시험 자격 : 필기시험 합격자, 국가기술자격법 시행규칙 제18조에 의한 필기시험 면제 대상자
   (자세한 사항은 지역본부 및 지사로 문의)

③ 접수시간 : 원서접수 첫날 오전 10시부터 원서접수 마지막 날 오후 18시까지(선착순 접수)

❺ 합격자 발표

① 당회 시험 종료 후 다음 주 해당 요일 09:00 발표

② 인터넷(http://q-net.or.kr/)에서 로그인 후 확인(발표일로부터 2개월간 안내)

❻ 과제 목록

	제과기능사			제빵기능사	
	과제명	시험시간		과제명	시험시간
1	초코 머핀(초코 컵 케이크)	1시간 50분	1	빵도넛	3시간
2	버터스펀지 케이크(별립법)	1시간 50분	2	소시지빵	3시간 30분
3	젤리 롤 케이크	1시간 30분	3	식빵(비상스트레이트법)	2시간 40분
4	소프트 롤 케이크	1시간 50분	4	단팥빵(비상스트레이트법)	3시간
5	스펀지 케이크(공립법)	1시간 50분	5	그리시니	2시간 30분
6	마드레느	1시간 50분	6	밤식빵	3시간 40분
7	쇼트브레드 쿠키	2시간	7	베이글	3시간 30분
8	슈	2시간	8	스위트롤	3시간 30분
9	브라우니	1시간 50분	9	우유식빵	3시간 40분
10	과일 케이크	2시간 30분	10	단과자빵(트위스트형)	3시간 30분
11	파운드 케이크	2시간 30분	11	단과자빵(크림빵)	3시간 30분
12	다쿠와즈	1시간 50분	12	풀만식빵	3시간 40분
13	타르트	2시간 20분	13	단과자빵(소보로빵)	3시간 30분
14	흑미 롤 케이크(공립법)	1시간 50분	14	쌀식빵	3시간 40분
15	시퐁 케이크(시퐁법)	1시간 40분	15	호밀빵	3시간 30분
16	마데라(컵) 케이크	2시간	16	버터톱 식빵	3시간 30분
17	버터쿠키	2시간	17	옥수수식빵	3시간 40분
18	치즈 케이크	2시간 30분	18	모카빵	3시간 30분
19	호두 파이	2시간 30분	19	버터롤	3시간 30분
20	초코 롤 케이크	1시간 50분	20	통밀빵	3시간 30분

❼ 위생상태 및 안전관리 기준

순번	구분	세부 기준	채점 기준
1	위생복 상의	• 전체 흰색, 팔꿈치가 덮이는 길이 이상의 7부·9부·긴 소매 위생복 － 수험자 필요에 따라 흰색 팔토시 착용 가능 • 상의 여밈 단추 등은 위생복에 부착된 것이여야 함 － 벨크로(일명 찍찍이), 단추 등의 크기, 색상, 모양, 재질은 제한하지 않음 • (금지) 기관 및 성명 등의 표시·마크·무늬 등 일체 표식, 금속성 부착물·뱃지·핀 등 식품 이물 부착, 팔꿈치 길이보다 짧은 소매, 부직포·비닐 등 화재에 취약한 재질	• (실격) 미착용이거나 평상복인 경우 － 흰티셔츠·와이셔츠, 패션모자(흰털모자, 비니, 야구모자 등)는 실격 － 위생복 상·하의, 위생모, 마스크 중 1개라도 미착용 시 실격 • (위생 0점) 금지 사항 및 기준 부적합 － 위생복장 색상 미준수, 일부 무늬가 있거나 유색·표식이 가려지지 않는 경우, 기관 및 성명 등 표식 － 식품 가공용이 아닌 복장 등(화재에 취약한 재질 및 실험복 형태의 영양사·실험용 가운은 위생 0점) － 반바지·치마, 폭넓은 바지 등 － 위생모가 뚫려있어 머리카락이 보이거나, 수건 등으로 감싸 바느질 마감처리가 되어 있지 않고 풀어지기 쉬워 작업용으로 부적합한 경우 등
2	위생복 하의 (앞치마)	• 「(색상 무관) 평상복 긴바지 + 흰색 앞치마」 또는 「흰색 긴바지 위생복」 － 평상복 긴바지 착용 시 긴바지의 색상·재질은 제한이 없으나, 안전사고 예방을 위해 맨살이 드러나지 않는 길이의 긴바지여야 함 － 흰색 앞치마 착용 시 앞치마 길이는 무릎 아래까지 덮이는 길이일 것, 상하일체형(목끈형) 가능 • (금지) 기관 및 성명 등의 표시·마크·무늬 등 일체 표식, 금속성 부착물·뱃지·핀 등 식품 이물 부착, 반바지·치마·폭넓은 바지 등 안전과 작업에 방해가 되는 복장, 부직포·비닐 등 화재에 취약한 재질	
3	위생모	• 전체 흰색, 빈틈이 없고 일반 식품 가공 시 사용되는 위생모 － 크기, 길이, 재질(면, 부직포 등 가능) 제한 없음 • (금지) 기관 및 성명 등의 표시·마크·무늬 등 일체 표식, 금속성 부착물·뱃지 등 식품 이물 부착(단, 위생모 고정용 머리핀은 사용 가능) 바느질 마감처리가 되어 있지 않은 흰색 머릿수건(손수건)은 머리카락 및 이물에 의한 오염 방지를 위해 착용 금지	
4	마스크 (입가리개)	• 침액 오염 방지용으로, 종류(색상, 크기, 재질 무관) 등은 제한하지 않음 － '투명 위생 플라스틱 입가리개' 허용	

5	위생화
	(작업화)
		• 위생화, 작업화, 조리화, 운동화 등(색상 무관)
		   – 단, 발가락, 발등, 발뒤꿈치가 모두 덮일 것
		• (금지) 기관 및 성명 등의 표시, 미끄러짐 및 화상의 위험
		   이 있는 슬리퍼류, 작업에 방해가 되는 굽이 높은 구두,
		   속 굽 있는 운동화

6	장신구	• (금지) 장신구(단, 위생모 고정용 머리핀은 사용 가능)
		   – 손목시계, 반지, 귀걸이, 목걸이, 팔찌 등 이물, 교차오
		     염 등의 위험이 있는 장신구 일체 금지

7	두발	• 단정하고 청결할 것, 머리카락이 길 경우 흘러내리지 않 도록 머리망을 착용하거나 묶을 것

8	손 / 손톱	• 손에 상처가 없어야 하나, 상처가 있을 경우 식품용 장
		   갑 등을 사용하여 상처가 노출되지 않도록 할 것(시험
		   위원 확인 하에 추가 조치 가능), 손톱은 길지 않고 청
		   결해야 함
		• (금지) 매니큐어, 인조손톱 등

9	위생관리	• 작업 과정은 위생적이어야 하며, 도구는 식품 가공용으
		   로 적합해야 함
		• 장갑 착용 시 용도에 맞도록 구분하여 사용할 것
		   (예시) 설거지용과 작품 제조용은 구분하여 사용해야 함,
		   위반 시 위생 0점 처리
		• 위생복 상의, 앞치마, 위생모의 개인 이름·소속 등의 표
		   식 제거는 테이프를 부착하여 가릴 수 있음
		• 식품과 직접 닿는 조리도구 부분에 이물질(예 : 테이프)
		   을 부착하지 않을 것
		• 눈금 표시된 조리기구 사용 허용(단, 눈금표시를 하나
		   씩 재어가며 재료를 쓰는 등 감독위원이 작업이 미숙하
		   다고 판단할 경우 작업 전반 숙련도 부분 감점될 수 있
		   음에 유의)

10	안전사고
	발생 처리
		• 칼 사용(손 빔) 등으로 안전사고 발생 시 응급조치를 하
		   여야 하며, 응급조치에도 지혈이 되지 않을 경우 시험
		   진행 불가

오른쪽 열(세로 병합): • (위생 0점) 금지 사항 및 기준 부적합

※ 위 기준 외 일반적인 개인위생, 식품위생, 작업장 위생, 안전관리를 준수하지 않을 경우 감점 처리될 수 있습니다.
※ 시험장내 모든 개인물품에는 기관 및 성명 등의 표시가 없어야 합니다.

❽ 유의사항

① 항목별 배점은 제조공정 55점, 제품평가 45점이며, 요구사항 외의 제조방법 및 채점기준은 비공개입니다.

② 시험시간은 재료 전처리 및 계량시간, 제조, 정리정돈 등 모든 작업과정이 포함된 시간입니다(감독위원의 계량 확인 시간은 시험시간에서 제외).

③ 수험자 인적사항은 검은색 필기구만 사용하여야 합니다. 그 외 연필류, 유색 필기구, 지워지는 펜 등은 사용이 금지됩니다.

④ 시험 전과정 위생수칙을 준수하고 안전사고 예방에 유의합니다.
- 시작 전 간단한 가벼운 몸 풀기(스트레칭) 운동을 실시한 후 시험을 시작하십시오.
- 위생복장의 상태 및 개인위생(장신구, 두발·손톱의 청결 상태, 손씻기 등)의 불량 및 정리 정돈 미흡 시 위생 항목 감점 처리 됩니다.

⑤ 다음 사항은 실격에 해당하여 채점 대상에서 제외됩니다.
- 수험자 본인이 수험 도중 시험에 대한 포기 의사를 표현하는 경우
- 위생복 상의, 위생복 하의(또는 앞치마), 위생모, 마스크 중 1개라도 착용하지 않은 경우
- 시험시간 내에 작품을 제출하지 못한 경우
- 수량(미달), 모양을 준수하지 않았을 경우
  - 요구사항에 명시된 수량 또는 감독위원이 지정한 수량(시험장별 팬의 크기에 따라 조정 가능)을 준수하여 제조하고, 잔여 반죽은 감독위원의 지시에 따라 별도로 제출하시오.
  - 지정된 수량 초과, 과다 생산의 경우는 총점에서 10점을 감점합니다(단, 'O개 이상'으로 표기된 과제는 제외합니다).
  - 반죽 제조법(공립법, 별립법, 시퐁법 등)을 준수하지 않은 경우는 제조공정에서 반죽 제조 항목을 0점 처리하고, 총점에서 10점을 추가 감점합니다.
- 상품성이 없을 정도로 타거나 익지 않은 경우
- 지급된 재료 이외의 재료를 사용한 경우
- 시험 중 시설·장비의 조작 또는 재료의 취급이 미숙하여 위해를 일으킬 것으로 감독위원 전원이 합의하여 판단한 경우

⑥ 의문 사항이 있으면 감독위원에게 문의하고, 감독위원의 지시에 따릅니다.

❾ 얼음 사용 안내

• 지급 재료 중 얼음(식용, 겨울철 제외)은 반죽 온도를 낮추는 반죽 온도 조절용으로 지급되므로 얼음물을 사용하여 반죽 온도를 조절하시기 바랍니다.

• 변칙적인 방법으로써 얼음물을 반죽기(믹서) 볼 밑바닥에 받쳐 대는 등의 방법은 안전한 시행을 위하여 사용을 금합니다. 만약 수험생이 변칙적인 방법을 사용할 경우 감점처리 됩니다.

❿ 지급재료 재료 계량 상세 안내

• 지급재료는 시험 시작 후 재료 계량시간(재료당 1분) 내에 공동재료대에서 수험자가 적정량의 재료를 본인의 작업대로 가지고 가서 저울을 사용하여 재료를 계량합니다.

• 재료 계량시간이 종료되면 시험시간을 정지한 상태에서 감독위원이 무작위로 확인하여 채점하고, 잔여 재료를 정리한 후(시험시간 제외) 시험시간을 재계하여 작품제조를 시작합니다.

• 계량시간 내 계량을 완료하지 못한 경우, 누락된 재료가 있는 경우 등은 채점 기준에 따라 감점하고, 시험시간 재계 후 추가시간 부여 없이 작품제조시간을 활용하여 요구사항의 배합표 무게대로 정정 계량하여 제조합니다.

• 제조 중 제품을 잘못 만들어 다시 제조하는 것은 시험의 공정성과 형평성 상 불가하므로, 재료의 재지급 및 추가지급은 불가합니다.

⓫ 특이사항

• 공개문제 검색 방법 : Q-net 홈페이지 → 고객지원 → 자료실 → 공개문제 → "종목명" 입력 후 검색

• 시험장별 재료 계량용 저울의 눈금 표기가 상이하여(짝수/홀수), 배합표의 표기를 "홀수(짝수)" 또는 "소수점(정수)"의 형태로 병행 표기하여 기재합니다.

　– 시험장의 저울 눈금표시 단위에 맞추어 시험장 감독위원의 지시에 따라 올림 또는 내림으로 계량할 수 있음을 참고하시기 바랍니다.

　– 시험장의 저울을 사용하거나, 수험자가 개별로 지참한 저울을 사용하여 계량합니다(저울은 수험자 선택사항으로 필요시 지참).

※ 수험자 지참준비물 중 재료 계량 시 사용하는 스쿱(재료 계량 용도의 소도구, 스쿱 · 계량컵 · 주걱 · 국자 · 쟁반 · 기타 용기 등), 용기(스테인리스 볼, 플라스틱 용기 등 필요시 지참)의 크기 · 색상 · 재질에는 제한이 없으며, 재료명 라벨링이 가능합니다.

- 라벨링 : "밀가루, 설탕, 소금, 탈지분유, 제빵개량제" 등의 재료명을 "견출지·메모지·포스트잇 부착, 네임펜" 등을 활용하여 표기하는 것
- 단, 라벨링 시 재료명 표기 외 불필요한 개인정보(기관 및 성명), 만드는 방법(작업 순서, 레시피 등) 등 부정행위와 관련되는 사항을 표시하지 않도록 주의하여 주시기 바랍니다. 기관 및 성명, 만드는 방법 등이 메모되어 있을 경우는 사용이 금지되며, 사용 시 부정행위로 간주되어 실격될 수 있음에 유의하시기 바랍니다.

• 배합표에 비율(%) 60~65, 무게(g) 600~650과 같이 표기된 과제는 반죽의 상태에 따라 수험자가 물의 양을 조정하여 제조합니다.

• 제과기능사, 제빵기능사 실기시험의 전체 과제는 '반죽기(믹서) 사용 또는 수작업 반죽(믹싱)'이 모두 가능함을 참고하시기 바랍니다[마데라(컵) 케이크, 초코 머핀 등의 과제는 수험자 선택에 따라 수작업 믹싱도 가능].
- 단, 요구사항에 반죽 방법(수작업)이 명시된 과제는 요구사항을 따라야 합니다.

• 시험장에는 시간을 확인할 수 있는 공용시계가 구비되어 있으며, 시험시간의 종료는 공용시계를 기준으로 합니다. 만약, 수험자 개인 용도의 시계, 타이머를 지참하여 사용하고자 할 경우, 아래 사항에 유의하시기 바랍니다.
- 손목시계 착용 시 "장신구"에 해당하여 위생부분이 감점되므로 사용하지 않습니다.
- 탁상용 시계를 제조과정 중 재료 및 도구와 접촉시키는 등 비위생적으로 관리할 경우 위생 부분이 감점되므로 유의합니다. 또한 시험시간은 공용시계를 기준으로 하므로 개인이 지참한 시계는 시험시간의 기준이 될 수 없음을 유념하시기 바랍니다.
- 타이머는 소리 알람(진동)이 발생하지 않도록 "무음 및 무진동"으로 설정하여 사용합니다(다른 수험자에게 피해가 될 수 있으므로 특히 주의).
- 개인이 지참한 시계, 타이머에 의하여 소리알람(진동)이 발생하여 시험진행에 방해가 될 경우, 본부요원 및 감독위원은 수험자에게 개별적인 시계, 타이머 사용을 금지시킬 수 있습니다.

※ 시험에 관한 자세한 사항은 시행처 홈페이지를 참고하세요.

출제기준

항목별 배점은 제조공정 55점, 제품평가 45점이며, 요구사항 외의 제조방법 및 채점기준은 비공개입니다.

❶ 제과기능사 실기시험 출제기준

주요항목	세부항목	세세항목
1. 과자류제품 재료 혼합	1. 재료 계량하기	
	2. 반죽형 반죽하기	
	3. 거품형 반죽하기	
	4. 퍼프 페이스트리 반죽하기	
	5. 충전물 제조하기	
	6. 다양한 반죽하기	
2. 과자류제품 반죽 정형	1. 분할 팬닝하기	
	2. 쿠키류 성형하기	
	3. 퍼프 페이스트리 성형하기	
	4. 다양한 성형하기	
3. 과자류제품 반죽 익힘	1. 반죽 굽기	
	2. 반죽 튀기기	
	3. 반죽 찌기	
4. 과자류제품 포장	1. 과자류제품 냉각하기	세세항목의 자세한 내용은 큐넷 홈페이지 확인
	2. 과자류제품 장식하기	
	3. 과자류제품 포장하기	
5. 과자류제품 저장유통	1. 과자류제품 실온냉장저장하기	
	2. 과자류제품 냉동저장하기	
	3. 과자류제품 유통하기	
6. 과자류제품 위생안전관리	1. 개인 위생안전관리하기	
	2. 환경 위생안전관리하기	
	3. 기기 안전관리하기	
	4. 공정 안전관리하기	
7. 과자류제품 생산작업 준비	1. 개인위생 점검하기	
	2. 작업환경 점검하기	
	3. 기기 · 도구 점검하기	

❷ 제빵기능사 실기시험 출제기준

주요항목	세부항목	세세항목
1. 빵류제품 스트레이트 반죽	1. 스트레이트법 반죽하기	
	2. 비상스트레이트법 반죽하기	
2. 빵류제품 스펀지 도우 반죽	1. 스펀지 반죽하기	
	2. 본반죽하기	
3. 빵류제품 특수 반죽	1. 사우어도우법 반죽하기	
	2. 액종법 반죽하기	
4. 빵류제품 반죽 발효	1. 1차 발효하기	
	2. 2차 발효하기	세세항목의
	3. 다양한 발효하기	자세한 내용은
5. 빵류제품 반죽 정형	1. 반죽 분할 및 둥글리기	큐넷 홈페이지 확인
	2. 중간 발효하기	
	3. 반죽 성형 팬닝하기	
6. 빵류제품 반죽 익힘	1. 반죽 굽기	
	2. 반죽 튀기기	
	3. 다양한 익히기	
7. 빵류제품 마무리	1. 빵류제품 충전하기	
	2.. 빵류제품 토핑하기	
	3. 빵류제품 냉각포장하기	
8. 빵류제품 위생안전관리	1. 개인 위생안전관리하기	

시험에 꼭 필요한 도구

오븐
Electric Deck Oven

빵과 과자를 구울 때 사용한다. 상황에 따라 적절하게 온도를 조절해서 빵과 과자의 껍질색을 낸다.

수직 믹서
Vertical Mixer

제과·제빵용 반죽을 제조하는 기계로, 볼 안에 후크와 휘퍼 등이 수직으로 연결되어 회전하면서 반죽을 만든다.

※ 수작업 반죽 허용하므로 반죽량에 따라 결정

전자 저울
Digital Cooking Scale

물체의 무게를 측정하는 기계 및 기구의 총칭으로, 재료를 계량하거나 반죽을 분할할 때 사용한다.

발효실
Electric Proofer

반죽 만들기를 끝낸 반죽의 1차 발효와 성형을 한 반죽을 넣고 가스를 발생시켜 부피가 커지게 하는 장치이다.

볼
Bowl

반구형(半球形)의 요리용 그릇으로, 여러 가지 재료를 섞거나 거품을 낼 때 사용한다. 스테인리스 볼은 필요량만큼 추가 지참이 가능하다.

스크래퍼
Scraper

반죽을 분할하거나 긁어낼 때 사용한다. 스테인리스와 플라스틱 제품을 주로 사용한다.

식빵틀
Bread Pan

여러 가지 식빵 반죽을 팬닝한 후 구울 때 사용한다.

냉각 팬(타공 팬)
Cooling Pan

오븐에서 구운 빵과 과자를 식힐 때 사용하고, 만든 작품을 담아서 작품 제출대에 제출한다.

나무작업대
Work Table Wood

빵 반죽을 분할한 후 중간발효시킬 때, 나무작업대 위에 반죽을 올려서 사용한다. 특히 겨울철에는 테이블이 차갑기 때문에 사용하는 것이 좋다.

시퐁 케이크 팬
Chiffon Cake Pan

시퐁 반죽을 팬닝한 후 구울 때 사용한다.

평철판
Pan

빵과 과자의 반죽을 팬닝한 후 구울 때 사용한다. 유지를 조금 묻혀서 깨끗이 닦은 후 사용한다.

밀대
Rolling Pin

주로 반죽을 밀어펼 때 사용하는 도구이다.

원형 케이크 팬
Round Cake Pan

스폰지 반죽 등을 팬닝하고 구울 때 사용한다.

주름 파이 팬
Wrinkle Pie Pan

팬의 밑면이 분리되어, 타르트나 과자를 구운 후 안전하게 빼낼 수 있다.

마드레느 팬
Madeleine pan

마드레느 반죽을 팬닝한 후 구울 때 사용한다.

홈 컵 판(머핀 팬)
Home Small Round Sheet

초코 머핀 반죽을 짜서 팬닝한 후 구울 때 사용
한다.

거품기
Whisk

달걀이나 크림 등을 저어서 거품을 내거나 섞을
때 사용한다.

다쿠와즈 팬
Dacquoise Pan

다쿠와즈 반죽을 팬닝할 때 사용한다.

파이팬
Pie Pan

애플 파이 및 호두 파이를 팬닝할 때 사용한다.

쿠키 커터
Cookie Cutter

쇼트브레드 쿠키 성형 시에 반죽을 찍어서 모양을
만들 때 사용한다.

앙금 주걱
Sediment Spatula

앙금 등을 반죽에 쌀 때 사용한다.

주걱(알뜰주걱, 나무주걱)
Home Spatula, Blending Spoon, Wood Spoon

그릇에 묻은 반죽을 깨끗이 담거나 재료를 섞어서 반죽을 만들 때 사용한다.

스패츄러
Spatula

반죽을 일정한 두께로 평평하게 할 때 사용하거나 크림을 케이크 시트에 바를 때 사용한다. 또한 롤 케이크 반죽을 골고루 펼 때 사용한다.

모양잡기(목란)
Moulding Bowl

단팥빵 앙금을 싸고 가운데를 눌러서 도넛 모양으로 구멍을 만들 때 사용한다.

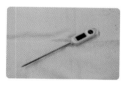

디지털 온도계
Digital Themometer

반죽의 온도나 물의 온도 등을 잴 때 사용한다.

테프론 시트 /실리콘 페이퍼
Teflon Sheet/Silicon Paper

철판 위에 깔아서 반죽을 팬닝할 때 사용한다. 반죽이 달라붙지 않아서 다쿠와즈 등을 성형할 때 사용한다.

Q&A

Q 빵 반죽에 사용할 물의 온도는 어떻게 맞추나요?

A ① 마찰계수 = 반죽 결과 온도×3 − (실내 온도 + 밀가루 온도 + 수돗물 온도)

② 사용할 물 온도 = 희망 반죽 온도×3 − (실내 온도 + 밀가루 온도 + 마찰계수)

③ 얼음 사용량 = $\dfrac{\text{총사용량×(수돗물 온도 − 사용할 물 온도)}}{80 + \text{수돗물 온도}}$

이런 공식으로 물온도를 구할 수 있으나, 공식을 외우기 어려우면 봄/가을은 수돗물을 그냥 사용하고, 겨울은 조금 미지근한 물로, 한여름은 조금 차가운 얼음물로 반죽하면 공식으로 구한 온도와 많이 차이나지는 않을 것입니다. 단, 제과반죽의 온도는 계란의 온도와 유지의 온도를 조금 더 신경 써서 맞추길 바랍니다. 믹서를 사용한 반죽은 따뜻한 물로 중탕해서 온도를 맞추는 방법도 있습니다.

Q 빵 반죽을 분할한 후에 잔 반죽(남은 반죽)은 어떻게 하나요?

A 예를 들어, 50g으로 분할하는 반죽에서 20g의 잔 반죽이 남았으면 보통은 그것만 둥글리기하여 발효 후 구워서 제출하면 됩니다. 그러나 감독위원의 다른 요구사항이 있다면 그 요구사항에 따르면 됩니다.

Q 머랭을 잘 만들기 위한 요령이 있나요?

A 머랭은 흰자에 설탕을 넣어서 만들기 때문에 흰자에 노른자가 들어가지 않게 계량을 잘하는 것이 중요합니다. 흰자를 믹서에 넣고 조금 돌린 후 설탕을 3회 정도 나누어 넣고 만드는데, 너무 고속으로 돌리지 않아야 합니다. 퍼석퍼석한 거친 머랭이 만들어지면 저속으로 조금 더 돌려서 머랭을 안정시킨 후에 사용하는 것이 좋습니다.

Q 밀어펴는 반죽을 잘하기 위해서는 어떻게 해야 하나요?

A 쿠키 반죽이나 밀어펴는 반죽은 작업대에 적당량의 덧가루를 뿌려서 반죽이 달라붙지 않도록 해야 합니다. 그리고 반죽을 밀어펴고 난 뒤에는 반죽을 움직여서 작업대에 반죽이 붙었는지 확인해야 합니다. 또한 덧가루를 골고루 뿌리는 연습도 많이 해 두는 것이 좋습니다.

Q 제과기능사 시험 품목 중에 난도가 높은 품목은 무엇인가요?

A 슈, 시퐁 케이크 등이 수험생이 어려워하는 품목에 속합니다.

Q 제빵기능사 시험 품목 중에 난도가 높은 품목은 무엇인가요?

A 호밀빵, 스위트롤, 베이글 등이 수험생이 어려워하는 품목에 속합니다.

Q 반죽이 익었는지 덜 익었는지를 어떻게 알 수 있나요?

A 구운 반죽은 눈으로 색을 먼저 보고 색이 보기 좋은 갈색인지 확인한 후, 약간의 탄력이 있는지 손으로 살짝 눌러 봅니다. 특히 안 익은 제과 반죽은 손으로 살짝 눌렀을 때 손자국이 남기도 합니다. 또한 꼬치로 찔러 봤을 때 안 익은 반죽이 묻어나오면 안 됩니다. 틀에 종이를 깔아서 굽는 반죽의 경우에는 깔아 둔 종이가 약간 주름이 잡히면 익은 것으로 봐도 됩니다. 전제적으로 색을 보고, 눌러 보고, 찔러 보고, 종이 주름을 보면서 종합적으로 판단해야 합니다.

Q 오븐을 확인할 때 특히 주의해야 할 것은 무엇인가요?

A 오븐은 문을 자주 열지 않는 것이 기본입니다. 특히 슈는 굽는 도중 색이 나기 전에 오븐 문을 열면 오븐에 찬 공기가 들어가서 반죽이 부풀어 오르지 못하고 '푹' 하고 꺼져 버리기 때문에 특히 주의해야 합니다.

Q 오븐 온도가 기억이 안 나요. 어떻게 해야 하나요?

A 다양한 빵과 과자의 오븐 온도를 모두 외우는 것은 쉽지 않습니다. 경험이 쌓이면 좀 쉽게 알 수 있지만, 익숙하지 않을 때는 큰 것은 낮은 온도에서 오래 굽고 작은 것은 높은 온도에서 빨리 굽는 것이 기본이라는 것을 기억해 주세요. 제빵에서는 식빵의 온도와 작은 빵의 온도와 그 외 예외적인 것의 오븐 온도를 잘 확인해두고, 제과에는 거품형 반죽의 스펀지 온도와 크림법으로 만드는 작품의 온도와 조금 특수한 것으로 나눠서 이해하면 온도를 기억하기가 쉬울 것입니다.

Q 한여름에 빵을 만들 때 주의사항은 무엇이 있나요?

A 날씨가 더울 때 빵을 만들 경우에는 발효가 빨리 진행되기 때문에 분할 개수가 많은 빵 반죽은 분할과 성형을 서둘러야 합니다. 중간발효 된 상태에서 성형을 천천히 하면 중간발효 상태가 지나치는 경우가 있기 때문입니다. 또한 상황에 따라서는 2차 발효를 실온에서 한 후에 구워야 할 수도 있으니 빵의 발효 상태를 잘 확인하는 것이 중요합니다.

Q 사용하던 믹서와 다른데 어떻게 해야 하나요?

A 시험장에 있는 믹서든 일반적인 믹서든 기어(속도)를 바꿀 때는 전원을 멈추고 기어를 변속해야 장비가 망가지는 일이 없습니다. 믹서에 따라서 안전망이 있는 믹서는 안전망을 꼭 닫은 후 전원을 켜야 작동 하게 되어 있으니 확인해야 하고, 방법을 잘 모르겠으면 손을 들고 시험 관계자에게 도움을 받아서 작 동하여 안전사고에 주의해야 합니다.

Q 비중은 어떻게 측정하나요?

A 비중은 '반죽무게/물무게'로 측정하므로 비중컵에 물의 무게를 재고, 반죽을 만들어 반죽의 무게를 재서 그의 값으로 반죽의 상태를 알 수 있습니다. 예를 들어서 물의 무게가 100g이고 반죽의 무게가 50g이면 비중은 0.5인 것입니다. 비중이 가볍다는 것은 비중이 0.5 이하로 반죽 속에 공기가 많이 들 어 있다는 뜻입니다. 이럴 때에는 주걱으로 가볍게 저어 주면 비중이 조금 높아집니다. 그러나 비중이 높은 것을 낮출 수는 없으므로 만약 비중이 높은 것을 확인했으면 조심스럽게 반죽을 다루어서 팬닝 하고 구워야 합니다.

Q 쿠키를 짜는 것은 어떻게 해야 좋은가요?

A 짜서 성형하는 반죽은 모양과 크기, 두께를 일정하게 해야 하는 것이 가장 중요합니다. 조금은 어렵겠 지만 균일하게 짤 수 있도록 연습해야 합니다. 또한 짜는 쿠키의 반죽은 짤주머니에 조금씩 넣어서 짜 야 쉽게 짤 수 있습니다. 욕심을 내서 짤주머니에 반죽을 너무 많이 담으면 힘도 들고 반죽이 잘 나오 지 않아 어려울 수 있습니다.

Q 시퐁 케이크는 시퐁법으로 해야 하는데 합격 TIP이 있나요?

A 시퐁 케이크는 시간 초과가 되기 쉬운 작품이니 시간을 자주 확인해서 시간 초과로 작품을 제출하지 못하는 일이 생기지 않도록 해야 합니다. 또한 시퐁 케이크는 시퐁법으로 만들어야 하므로, 노른자와 설탕을 섞어 별립법처럼 막 휘핑하지 않도록 주의해야 합니다. 구운 후에는 틀을 뒤집어서 식히고 시간 이 부족하면 행주와 얼음물로 빨리 식혀 시간 내에 제출하는 것이 중요합니다.

Q 소보로를 만들 때에는 어떤 것을 주의해야 하나요?

A 소보로는 크림법으로 만들어야 하므로 작업대 위에 가루를 체치고 만든 반죽을 그 위에 올려서 스크래퍼로 다지면서 만듭니다. 이때 날씨가 더운 여름에는 너무 치대면 반죽이 덩어리질 수가 있으므로 보슬보슬하게 만들어야 합니다. 1차 발효 시간에 만들고 조금 질다 싶으면 냉장고에 조금 넣어두는 것이 좋습니다. 소보로가 덩어리지면 성형 전에 스크래퍼로 잘게 다져서 사용하고 반대로 너무 푸석푸석하면 스프레이로 물을 조금 뿌려서 조절하여 사용합니다.

Q 슈를 만들 때에는 어떤 TIP이 있을까요?

A 슈 반죽은 불에 반죽을 익힌 후에 불에서 내려서 계란을 넣고 나무주걱(또는 휘퍼)으로 계란을 조금씩 (1개씩) 넣으면서 반죽을 만드는데, 계란을 한꺼번에 다 넣어서 반죽이 질어지면 좋은 슈를 만들기 어렵습니다. 슈 반죽은 질지 않게 만들어야 하는 것이 포인트입니다. 또한 슈는 오븐에 구울 때 색이 나기 전에는 오븐을 열지 말아야 합니다.

Q 시험에 응시할 때 피해야 하는 복장과 위생 상태에는 어떤 것들이 있을까요?

A 긴 손톱과 매니큐어, 짧은 치마, 짙은 화장, 지저분한 수염, 하이힐, 구두, 체육복 바지, 딱 붙는 레깅스, 반지, 귀걸이 등은 피하시고 위생과 안전사고에 유념하는 것이 좋습니다. 머리가 긴 수험자는 머리를 묶어 머리망을 하고 위생모를 쓴 뒤, 흰 위생복을 입는 것이 좋습니다.

Q 빨리 실기 시험에 합격하고 싶어요.

A 시험에 합격한다는 것은 빵과 과자를 잘 만들 줄 알아야 한다는 뜻입니다. 이렇게 많은 것을 만든다는 것은 많은 경험과 시간이 필요로 하므로, 여유를 가지고 시험에 응시하고 시험을 보는 것 역시 배우는 과정이라고 긍정적으로 생각하면 좋은 결과가 있을 것입니다. 빵과 과자로 행복하세요!

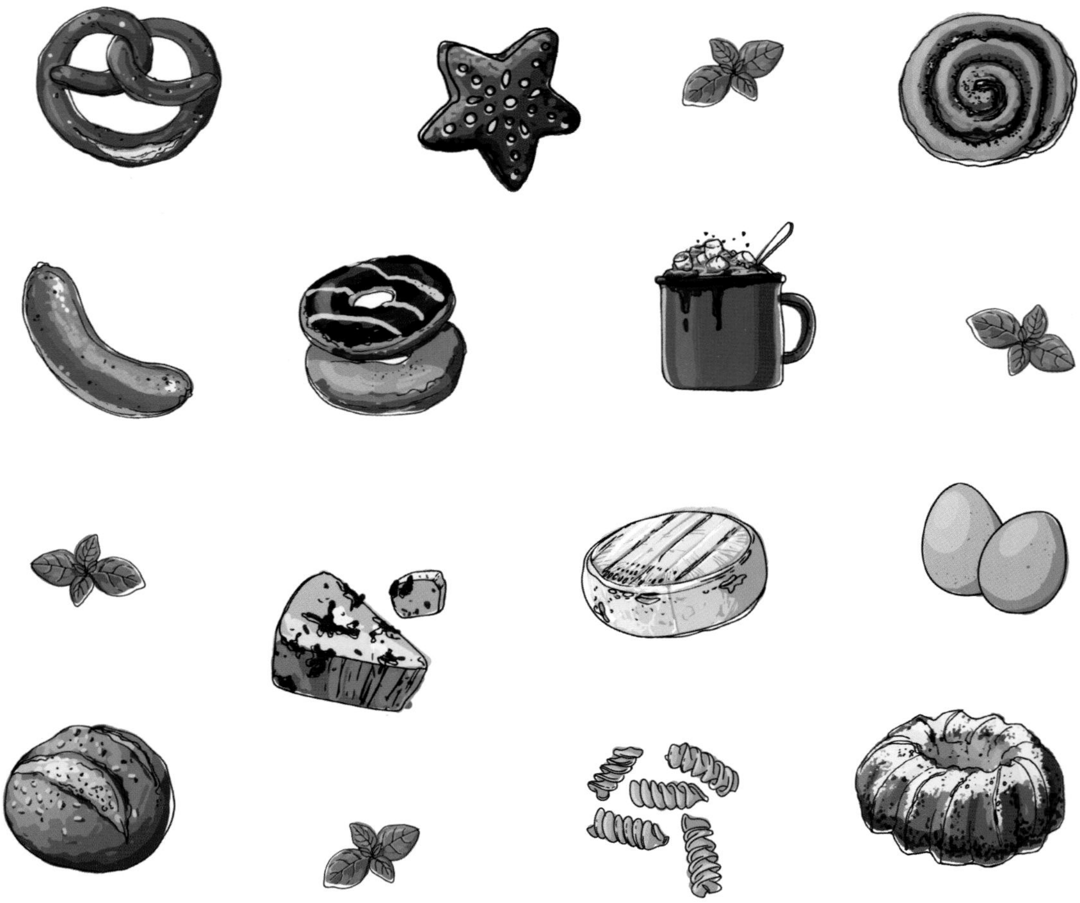

PART 1

제과기능사
CONFECTIONERY

재료의 계량을 시작으로 작품별 반죽의 특성을 이해하고 기계 및 기구를 사용하여 반죽을 성형, 장식, 굽기를 거쳐서 과자를 만드는 작업을 한다. 감미롭고 달콤한 과자를 만드는 업무를 수행한다.

버터스펀지 케이크(공립법)

합격 강의

⊙ 1시간 50분

요구사항 버터스펀지 케이크(공립법)를 제조하여 제출하시오.

❶ 배합표의 각 재료를 계량하여 재료별로 진열하시오(6분).
- 재료 계량(재료당 1분) → [감독위원 계량 확인] → 작품 제조 및 정리정돈(전체 시험시간 − 재료 계량시간)
- 재료 계량시간 내에 계량을 완료하지 못하여 시간이 초과된 경우 및 계량을 잘못한 경우는 추가의 시간 부여 없이 작품 제조 및 정리정돈 시간을 활용하여 요구사항의 무게대로 계량
- 달걀의 계량은 감독위원이 지정하는 개수로 계량
❷ 반죽은 공립법으로 제조하시오.
❸ 반죽 온도는 25℃를 표준으로 하시오.
❹ 반죽의 비중을 측정하시오.
❺ 제시한 팬에 알맞도록 분할하시오.
❻ 반죽은 전량을 사용하여 성형하시오.

배합표

재료명	비율(%)	무게(g)	재료 계량
박력분	100	500	
설탕	120	600	
달걀	180	900	
소금	1	5(4)	
바닐라향	0.5	2.5(2)	
버터	20	100	
계	421.5	2,107.5(2,106)	

먼저 생각해 두기

❶ 공립법이다.

❷ 스펀지 반죽은 비중이 중요하다.

❸ 만들 준비가 끝난 후 반죽을 만들기 시작하고, 반죽을 완성할 때까지 멈추지 말고 만들어야 한다.

준비하기

❶ 박력분과 바닐라향은 체 쳐둔다.

❷ 반죽 온도를 위해서 중탕을 준비한다(특히 겨울철).

❸ 원형 팬에 유산지를 깔아둔다.

❹ 오븐은 미리 켜서 예열한다.

❺ 버터를 중탕으로 녹여둔다(60℃).

❻ 비중 측정할 것을 준비한다(물 무게, 비중컵 무게).

 모든 과제 수행 시 공통적으로 유의할 점은 작품을 만들면서 동시에 정리도 해야 하는 것이다.

❶ 반죽하기(1)

① 중탕할 물을 준비한다.

② 볼에 계란, 설탕, 소금을 넣고 중탕할 물에 올려서 43℃ 정도로 데운다. 사진 ❶

③ 믹서 볼로 ②의 반죽을 옮겨서 연한 아이보리색이 될 때까지 믹싱한다. 사진 ❷

④ 고속으로 믹싱한 후, 중속에서 반죽의 기포를 안정되게 만든다. 사진 ❸

❷ 반죽하기(2)

① 체친 박력분과 바닐라향을 넣고 나무주걱으로 가볍게 섞는다. 사진 ❹, 사진 ❺

② 녹인 버터(60℃)에 반죽을 조금 섞은 후, 본 반죽에 넣고 나무주걱으로 골고루 섞는다. 사진 ❻

❸ 비중, 반죽 온도

① 비중 : 0.55±0.05

② 반죽 온도 : 25℃

❹ 팬닝하기

① 원형 팬 4개에 반죽을 70% 정도 팬닝한 후, 윗면을 평평하게 다듬는다. 사진 ❼

② 팬닝한 후에는 팬에 살짝 충격을 줘서 큰 기포를 제거한다.

 1. 틀에 일정한 양을 팬닝해야 한다.

2. 너무 많은 양을 팬닝하면 윗면이 터지는 경우도 있다.

3. 틀 테두리에 까는 유산지의 높이를 너무 높게 하지 않는다(최대 2cm 정도).

❺ 굽기

① 윗불 180℃, 아랫불 160℃에서 25~30여 분 굽는다.

② 구운 후 테이블에 살짝 내리쳐서 반죽을 안정시킨다.

③ 틀에서 조심스럽게 빼내고 식힘망에 올려서 식힌다. 사진 ❽

젤리 롤 케이크(공립법)

합격 강의

⊙ 1시간 30분

요구사항 젤리 롤 케이크를 제조하여 제출하시오.

❶ 배합표의 각 재료를 계량하여 재료별로 진열하시오(8분).
  • 재료 계량(재료당 1분) → [감독위원 계량 확인] → 작품 제조 및 정리정돈(전체 시험시간 – 재료 계량시간)
  • 재료 계량시간 내에 계량을 완료하지 못하여 시간이 초과된 경우 및 계량을 잘못한 경우는 추가의 시간 부여 없이 작품 제조 및 정리정돈 시간을 활용하여 요구사항의 무게대로 계량
  • 달걀의 계량은 감독위원이 지정하는 개수로 계량
❷ 반죽은 공립법으로 제조하시오.
❸ 반죽 온도는 23℃를 표준으로 하시오.
❹ 반죽의 비중을 측정하시오.
❺ 제시한 팬에 알맞도록 분할하시오.
❻ 반죽은 전량을 사용하여 성형하시오.
❼ 캐러멜 색소를 이용하여 무늬를 완성하시오(무늬를 완성하지 않으면 제품 껍질 평가 0점 처리).

배합표

재료명	비율(%)	무게(g)	재료 계량
박력분	100	400	
설탕	130	520	
달걀	170	680	
소금	2	8	
물엿	8	32	
베이킹파우더	0.5	2	
우유	20	80	
바닐라향	1	4	
계	431.5	1,726	

※ 충전용 재료는 계량시간에서 제외

잼	50	200

먼저 생각해 두기

❶ 공립법이다.

❷ 롤 케이크 반죽에 무늬내기(캐러멜 색소 사용)가 있으므로, 무늬의 방향을 알아둔다.

❸ 비중 측정을 해야 한다.

❹ 구운 후 밀대와 면포를 이용하여 말아야 한다.

준비하기

❶ 밀가루와 베이킹파우더와 바닐라향을 함께 섞은 후 체 쳐둔다.

❷ 우유가 너무 차가우면 살짝 데워둔다.

❸ 겨울철은 반죽 휘핑 시 뜨거운 물을 준비해서 반죽 온도를 맞춘다.

❹ 유산지의 모퉁이는 가위로 잘라서 철판에 깔아둔다.

❺ 오븐을 미리 켜두고 예열한다.

❻ 캐러멜 색소로 무늬를 만들어야 한다.

❼ 비중 측정할 것을 준비한다(물 무게, 비중컵 무게).

1. 젓가락, 짤주머니, 가위를 준비한다.
2. 작업을 하면서 주변 정리를 할 수 있어야 한다.

❶ 반죽하기(1)

① 가루 재료(밀가루, BP)는 체질을 해둔다. 사진 ❶

② 계란, 설탕 + 물엿, 소금을 넣고 중탕으로 약 43℃로 데운다. 사진 ❷, 사진 ❸

 중탕으로 데울 때 온도계가 없을 경우 체온 정도의 온도라고 기억한다.

❷ 반죽하기(2)

① 데운 반죽을 믹서 볼에 옮겨서 휘핑한다. 아이보리색이 되면 저속으로 돌려서 기포를 안정시킨다. 사진 ❹

② 작업하기 쉬운 그릇으로 반죽을 옮긴다. 사진 ❺

❸ 반죽하기(3)

① 반죽에 밀가루를 넣고 나무주걱으로 섞는다. 사진 ❻

② 우유를 골고루 섞는다. 사진 ❼

 우유를 넣고 너무 많이 섞으면 반죽이 묽어진다(비중이 높아진다).

❹ 비중, 반죽 온도

① 비중 : 0.50±0.05

② 반죽 온도 : 23℃

⑤ 팬닝하기

철판 1장에 무늬내기 반죽을 제외한 반죽을 전량 팬닝하고, 반죽 윗면을 평평하게 골고루 펼친다. 사진 ❽

⑥ 무늬내기 반죽 만들기

① 반죽의 일부를 팬닝 전에 작은 그릇에 따로 덜어둔다.
② ①의 반죽에 캐러멜 색소를 적당량 넣고 색을 낸 후 짤주머니에 담아 준비해둔다. 사진 ❾

> TIP 캐러멜 색소를 지나치게 넣거나 양이 적으면 무늬내기 반죽의 비중이 높아져서 본 반죽 아래로 가라앉을 수 있으므로 유의
> 한다.

❼ 무늬내기

윗면에 무늬내기 반죽을 짜고 젓가락으로 지그재그 무늬를 낸다. 사진 ❿, 사진 ⓫

❽ 굽기

① 윗불 180℃, 아랫불 160℃에서 20여 분 굽는다.
② 구운 반죽은 식힘망에 옮긴다.

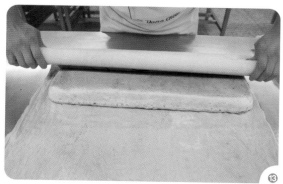

❾ 반죽 말기

① 면포에 물을 살짝 적신 후 물기를 꼭 짜서 테이블에 펼쳐둔다.
② 반죽의 색이 난 쪽을 면포에 가도록 뒤집은 후 유산지를 벗겨낸다.
③ 잼을 도구로 풀어 준 후 반죽에 골고루 바른다. 사진 ⓬
④ 긴 밀대와 면포를 이용하여 말아준다. 사진 ⓭
⑤ 반죽 표면(무늬가 있는 면)이 찢어지지 않도록 주의한다.
⑥ 이음매가 밑으로 오도록(풀어지지 않게)둔다.

 롤 케이크는 구운 후 말기를 할 때 찢어지지 않도록 주의해야 한다.

초코 롤 케이크(공립법)

합격 강의

⊘ 1시간 50분

요구사항 **초코 롤 케이크를 제조하여 제출하시오.**

❶ 배합표의 각 재료를 계량하여 재료별로 진열하시오(7분).
- 재료 계량(재료당 1분) → [감독위원 계량 확인] → 작품 제조 및 정리정돈(전체 시험시간 – 재료 계량시간)
- 재료 계량시간 내에 계량을 완료하지 못하여 시간이 초과된 경우 및 계량을 잘못한 경우는 추가의 시간 부여 없이 작품 제조 및 정리정돈 시간을 활용하여 요구사항의 무게대로 계량
- 달걀의 계량은 감독위원이 지정하는 개수로 계량

❷ 반죽은 공립법으로 제조하시오.

❹ 반죽의 비중을 측정하시오.

❻ 반죽은 전량을 사용하시오.

❽ 시트를 구운 윗면에 가나슈를 바르고, 원형이 잘 유지되도록 말아 제품을 완성하시오(반대 방향으로 롤을 말면 성형 및 제품평가 해당 항목 감점).

❸ 반죽 온도는 24℃를 표준으로 하시오.

❺ 제시한 철판에 알맞도록 팬닝하시오.

❼ 충전용 재료는 가나슈를 만들어 제품에 전량 사용하시오.

배합표

재료명	비율(%)	무게(g)	재료 계량
박력분	100	168	
달걀	285	480	
설탕	128	216	
코코아파우더	21	36	
베이킹소다	1	2	
물	7	12	
우유	17	30	
계	599	944	

※ 충전용 재료는 계량시간에서 제외

다크커버춰	119	200	
생크림	119	200	
럼	12	20	

먼저 생각해 두기

① 공립법이다.
② 비중 측정을 해야 한다.
③ 구운 후 밀대와 면포를 이용하여 말아야 한다.
④ 가나슈를 만들어야 한다.
⑤ 공립법이므로 반죽을 중탕할 것을 염두에 둔다.

준비하기

① 밀가루, 베이킹소다, 코코아파우더는 함께 섞은 후 체 쳐둔다.
② 우유와 물은 섞어두고, 너무 차가우면 살짝 데워둔다.
③ 철판에 유산지를 깔아둔다.
④ 오븐을 예열해둔다.
⑤ 비중 측정할 것을 준비한다(물 무게, 비중컵 무게).
⑥ 초콜릿(다크커버춰)은 잘게 다져둔다.
⑦ 생크림 끓일 것을 준비한다.

❶ 반죽하기(1)

① 가루 재료(박력분, 코코아파우더, 베이킹소다)는 체를 쳐둔다. 사진 ❶

② 달걀과 설탕을 넣고 중탕으로 약 43℃로 데운다. 사진 ❷, 사진 ❸

 중탕할 때 온도계가 없는 경우에는 체온 정도라고 기억해 두면 된다.

2 반죽하기(2)

① 데운 반죽을 믹서 볼에 옮겨서 휘핑한다.

② 아이보리색이 되면 저속으로 돌려서 기포를 안정시킨다. 사진 ❹

③ 반죽을 가루 재료를 섞기 쉬운 그릇으로 옮긴다. 사진 ❺

TIP 반죽을 너무 많이 섞으면 반죽이 묽어지면서 비중이 올라갈 수 있으니 주의한다.

3 반죽하기(3)

① 휘핑 반죽(달걀＋설탕)에 가루 재료를 넣고 나무주걱으로 섞는다. 사진 ❻

② 물과 우유를 섞는다. 사진 ❼

4 비중, 반죽 온도

① 비중 : 0.50±0.05

② 반죽 온도 : 24±1℃

⑤ 팬닝하기

① 철판 한 장에 반죽을 팬닝한 후 반죽 윗면을 골고루 펼친다. 사진 ❽, 사진 ❾

② 오븐에 넣기 전에 철판을 테이블 위에 살짝 '꽝'하고 떨어뜨려서 반죽에 있는 거친 기포를 없앤다.

⑥ 굽기

① 윗불 180℃, 아랫불 160℃에서 20여 분 굽는다.

② 구운 반죽은 식힘망에 옮겨 식힌다.

> TIP 코코아가 들어간 반죽은 검은색이므로 시간을 잘 확인하고 구워야 지나치게 굽는 것을 막을 수 있다.

⑦ 충전용 재료(가나슈) 만들기

① 초콜릿을 잘게 다진 후 작은 그릇에 담는다.

② 생크림을 끓여서 ①의 초콜릿에 붓고 잠시 둔다(생크림의 열로 초콜릿을 녹인다). 사진 ❿

③ 럼주를 넣고 휘퍼로 잘 섞어서 매끄러운 가나슈를 만든다(겨울에는 만든 후 굳지 않게 주의한다). 사진 ⓫

> TIP 충전용 재료(가나슈)는 반죽을 굽는 동안에 만들어서 시간을 아낀다.

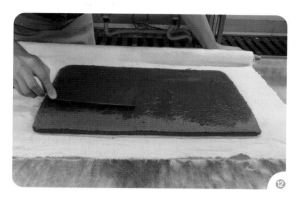
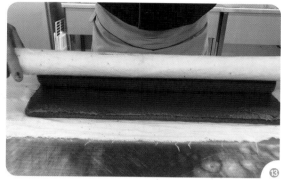

8 반죽 말기

① 면포에 물을 살짝 적신 후 물기를 꼭 짜서 테이블에 펼쳐둔다.

② 반죽의 색이 난 쪽을 면포에 가도록 뒤집은 후 유산지를 벗긴다.

③ 충전물(가나슈)을 중탕으로 바르기 좋은 되기로 풀어준 후, 반죽에 골고루 바른다. 사진 ⑫

④ 긴 밀대와 면포를 이용하여 말아준다. 사진 ⑬

⑤ 이음매가 밑으로 오도록(풀어지지 않게)둔다.

 1. 롤 케이크를 말 때에는 찢어지지 않도록 주의해야 한다.

2. 시트를 구운 윗면에 가나슈를 바르고 원형이 잘 유지되도록 말아 제품을 완성한다(반대 방향으로 롤을 말면 성형 및 제품 평가 해당 항목에서 감점 처리된다).

흑미 롤 케이크(공립법)

합격 강의

⊘ 1시간 50분

요구사항 | 흑미 롤 케이크(공립법)를 제조하여 제출하시오.

❶ 배합표의 각 재료를 계량하여 재료별로 진열하시오(7분).
- 재료 계량(재료당 1분) → [감독위원 계량 확인] → 작품 제조 및 정리정돈(전체 시험시간 – 재료 계량시간)
- 재료 계량시간 내에 계량을 완료하지 못하여 시간이 초과된 경우 및 계량을 잘못한 경우는 추가의 시간 부여 없이 작품 제조 및 정리정돈 시간을 활용하여 요구사항의 무게대로 계량
- 달걀의 계량은 감독위원이 지정하는 개수로 계량
❷ 반죽은 공립법으로 제조하시오.
❸ 반죽 온도는 25℃를 표준으로 하시오.
❹ 반죽의 비중을 측정하시오.
❺ 제시한 팬에 알맞도록 분할하시오.
❻ 반죽은 전량을 사용하여 성형하시오(시트의 밑면이 윗면이 되게 정형하시오).

배합표

재료명	비율(%)	무게(g)	재료 계량
박력쌀가루	80	240	
흑미쌀가루	20	60	
설탕	100	300	
달걀	155	465	
소금	0.8	2.4(2)	
베이킹파우더	0.8	2.4(2)	
우유	60	180	
계	416.6	1,249.8(1,249)	

※ 충전용 재료는 계량시간에서 제외

생크림	60	150

먼저 생각해 두기

❶ 공립법이다.

❷ 비중 측정을 해야 한다.

❸ 구운 후 밀대와 면포를 이용하여 말아야 한다.

❹ 충전용 재료인 생크림을 휘핑해서 준비해야 한다.

❺ 공립법이므로 반죽을 중탕할 것을 염두에 둔다.

준비하기

❶ 가루 재료(쌀가루, 베이킹파우더)는 함께 섞은 후 체 쳐둔다.

❷ 우유는 차가우면 살짝 데워둔다.

❸ 철판에 유산지를 깔아둔다.

❹ 오븐을 예열해둔다.

❺ 비중 측정할 것을 준비한다(물 무게, 비중컵 무게).

흑미 롤 케이크(공립법) 2-43

1 반죽하기(1)

① 가루 재료(박력쌀가루, 흑미쌀가루, 베이킹파우더)는 체를 쳐둔다. 사진 ❶
② 계란, 설탕, 소금을 넣고 중탕으로 약 43℃로 데운다. 사진 ❷, 사진 ❸

2 반죽하기(2)

① 데운 반죽을 믹서 볼에 옮겨서 휘핑한다.
② 아이보리색이 되면 저속으로 돌려서 기포를 안정시킨다. 사진 ❹
③ 반죽을 가루 재료를 섞기 쉬운 그릇으로 옮긴다. 사진 ❺

3 반죽하기(3)

① 휘핑 반죽(계란＋설탕＋소금)에 가루 재료를 넣고 나무주걱으로 섞는다. 사진 ❻
② 우유를 섞는다. 사진 ❼

4 비중, 반죽 온도

① 비중 : 0.50±0.05
② 반죽 온도 : 24±1℃

TIP　1. 중탕할 때 온도계가 없는 경우에는 체온 정도라고 기억해두면 된다.
　　　2. 반죽을 너무 많이 섞으면 반죽이 묽어지면서 비중이 올라갈 수 있으니 주의한다.

5 팬닝하기

① 철판 한 장에 반죽을 다 부어서 팬닝한 후 반죽 윗면을 골고루 펼친다. 사진 ❽, 사진 ❾

② 오븐에 넣기 전에 철판을 테이블 위에 살짝 '꽝'하고 떨어뜨려서 반죽에 있는 거친 기포를 없앤다.

6 굽기

① 윗불 180℃, 아랫불 160℃에서 20여 분 굽는다.

② 구운 반죽은 식힘망에 옮겨 식힌다.

7 충전용 재료 만들기

① 적당한 크기의 그릇에 생크림을 계량하는 것이 좋다(생크림이 150g이므로 너무 큰 그릇에서 휘핑하지 않
도록 한다).

② 휘퍼로 적당히(반죽에 바르기 좋은 되기로) 휘핑한다. 사진 ❿

8 반죽 말기

① 면포에 물을 살짝 적신 후 물기를 꼭 짜서 테이블에 펼쳐둔다.

② 반죽의 색이 난 쪽을 면포에 가도록 뒤집은 후 유산지를 벗긴다.

③ 바르기 좋은 되기의 충전물(휘핑한 생크림)을 반죽에 골고루 바른다. 사진 ⓫

④ 긴 밀대와 면포를 이용하여 말아준다. 사진 ⓬

⑤ 반죽 표면이 찢어지거나 크림이 밖으로 새지 않도록 주의한다.

⑥ 이음매가 밑으로 오도록(풀어지지 않게)둔다.

---

1. 반죽을 많이 구우면 롤 케이크를 말 때 반죽이 갈라질 수 있으므로 주의해야 한다.

2. 생크림의 휘핑을 지나치게 하면 퍼석퍼석해지고, 휘핑이 부족하면 너무 질어서 바르기가 어렵다.

버터스펀지 케이크(별립법)

합격 강의

⊙ 1시간 50분

요구사항 버터스펀지 케이크(별립법)를 제조하여 제출하시오.

❶ 배합표의 각 재료를 계량하여 재료별로 진열하시오(8분).

- 재료 계량(재료당 1분) → [감독위원 계량 확인] → 작품 제조 및 정리정돈(전체 시험시간 – 재료 계량시간)
- 재료 계량시간 내에 계량을 완료하지 못하여 시간이 초과된 경우 및 계량을 잘못한 경우는 추가의 시간 부여 없이 작품 제조 및 정리정돈 시간을 활용하여 요구사항의 무게대로 계량
- 달걀의 계량은 감독위원이 지정하는 개수로 계량

❷ 반죽은 별립법으로 제조하시오.

❸ 반죽 온도는 23℃를 표준으로 하시오.

❹ 반죽의 비중을 측정하시오.

❺ 제시한 팬에 알맞도록 분할하시오.

❻ 반죽은 전량을 사용하여 성형하시오.

배합표

재료명	비율(%)	무게(g)	재료 계량
박력분	100	600	
설탕 (A)	60	360	
설탕 (B)	60	360	
달걀	150	900	
소금	1.5	9(8)	
베이킹파우더	1	6	
바닐라향	0.5	3(2)	
용해버터	25	150	
계	398	2,388(2,386)	

먼저 생각해 두기

① 별립법이다.

② 머랭을 만들어야 한다.

③ 스펀지 반죽은 비중이 중요하다.

④ 반죽을 만들 모든 준비가 끝난 후 반죽 만들기를 시작한다.

준비하기

① 박력분, 베이킹파우더, 바닐라향은 체 쳐둔다.

② 원형 팬에 유산지를 깔아둔다.

③ 오븐을 미리 켜서 예열한다.

④ 버터를 중탕으로 녹여둔다(60℃).

⑤ 비중 측정할 것을 준비한다(물 무게, 비중컵 무게).

❶ 반죽하기(1)

① 흰자와 노른자를 분리한다. 사진 ❶

② 박력분, 바닐라향, 베이킹파우더를 체 친다. 사진 ❷

③ 노른자, 설탕 (A), 소금을 넣고 아이보리색이 될 때까지 충분히 휘핑한다. 사진 ❸

 TIP 흰자와 노른자를 분리할 때 흰자에 노른자가 들어가지 않도록 주의한다.

❷ 반죽하기(2)

① 흰자에 설탕 (B)를 3~4회 나누어 섞어 90% 머랭을 만든다. 사진 ❹

② 노른자 반죽에 머랭의 1/2을 섞는다. 사진 ❺

❸ 반죽하기(3)

① 가루 재료를 섞고, 나머지 머랭의 1/2을 섞는다. 사진 ❻

② 녹인 버터에 반죽을 조금 섞은 후, 본 반죽에 섞는다. 사진 ❼

❹ 비중, 반죽 온도

① 비중 : 0.5±0.05

② 반죽 온도 : 23℃

❺ 팬닝하기

유산지를 깔아 둔 원형 팬에 팬닝한다. 사진 ❽

❻ 굽기

윗불 180℃, 아랫불 160℃에서 25~30여 분 굽는다.

소프트 롤 케이크(별립법)

합격 강의

⊙ 1시간 50분

| 요구사항 | 소프트 롤 케이크를 제조하여 제출하시오. |

❶ 배합표의 각 재료를 계량하여 재료별로 진열하시오(10분).
- 재료 계량(재료당 1분) → [감독위원 계량 확인] → 작품 제조 및 정리정돈(전체 시험시간 – 재료 계량시간)
- 재료 계량시간 내에 계량을 완료하지 못하여 시간이 초과된 경우 및 계량을 잘못한 경우는 추가의 시간 부여 없이 작품 제조 및 정리정돈 시간을 활용하여 요구사항의 무게대로 계량
- 달걀의 계량은 감독위원이 지정하는 개수로 계량
❷ 반죽은 별립법으로 제조하시오.
❸ 반죽 온도는 22℃를 표준으로 하시오.
❹ 반죽의 비중을 측정하시오.
❺ 제시한 팬에 알맞도록 분할하시오.
❻ 반죽은 전량을 사용하여 성형하시오.
❼ 캐러멜 색소를 이용하여 무늬를 완성하시오(무늬를 완성하지 않으면 제품 껍질 평가 0점 처리).

배합표

재료명	비율(%)	무게(g)	재료 계량
박력분	100	250	
설탕 (A)	70	175(176)	
물엿	10	25(26)	
소금	1	2.5(2)	
물	20	50	
바닐라향	1	2.5(2)	
설탕 (B)	60	150	
달걀	280	700	
베이킹파우더	1	2.5(2)	
식용유	50	125(126)	
계	**593**	**1,482.5(1,484)**	

※ 충전용 재료는 계량시간에서 제외

재료명	비율(%)	무게(g)
잼	80	200

먼저 생각해 두기

❶ 별립법이다.

❷ 머랭을 만들어야 한다.

❸ 스펀지 반죽은 비중이 중요하다.

❹ 반죽에 무늬내기가 있다.

❺ 구운 후 말아야 한다.

준비하기

❶ 박력분, 베이킹파우더, 바닐라향은 체 친다.

❷ 철판에 유산지를 깔아둔다.

❸ 오븐은 미리 켜서 예열한다.

❹ 캐러멜 색소로 무늬를 만들어야 한다.

❺ 비중 측정할 것을 준비한다(물 무게, 비중컵 무게).

 젓가락, 짤주머니, 가위를 준비한다.

❶ 반죽하기(1)

① 흰자와 노른자를 분리한다.

② 박력분, 바닐라향, 베이킹파우더를 체 친다. 사진 ❶

③ 노른자에 설탕 (A), 물엿, 소금을 넣고 휘핑하면서 물을 조금씩 넣어 아이보리색이 될 때까지 휘핑한다.
사진 ❷, 사진 ❸

 흰자와 노른자를 분리할 때 흰자에 노른자가 들어가지 않도록 주의한다.

❷ 반죽하기(2)

① 믹서볼에 흰자를 넣고, 설탕 (B)를 3~4회 나누어 섞어 90% 머랭을 만든다. 사진 ❹

② 노른자 반죽에 머랭의 1/2을 나무주걱으로 섞는다. 사진 ❺

③ 가루 재료를 섞고, 나머지 머랭의 1/2을 섞는다. 사진 ❻

④ 식용유를 담은 그릇에 반죽을 조금 섞은 후, 본 반죽에 다시 넣고 골고루 섞는다.

❸ 비중, 반죽 온도

① 비중 : 0.45±0.05

② 반죽 온도 : 22℃

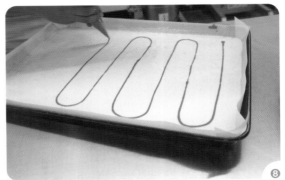

④ 팬닝하기

철판에 반죽을 팬닝한 후 윗면을 골고루 다듬는다. 사진 ❼

⑤ 무늬내기

① 반죽에 캐러멜 색소를 적당량 넣고 색을 낸 후 짤주머니에 담는다.

② 무늬내기 반죽을 가늘고 일정한 간격으로 짠 후 젓가락으로 무늬를 넣는다. 사진 ❽, 사진 ❾

⑥ 굽기

윗불 180℃, 아랫불 160℃에서 20여 분 굽는다.

7 반죽 말기

① 면포에 물을 살짝 적신 후 물기를 꼭 짜서 테이블에 펼쳐둔다.

② 반죽의 색이 난 쪽을 면포에 가도록 뒤집은 후 유산지를 벗겨낸다.

③ 잼을 도구로 풀어준 후 반죽에 골고루 바른다. 사진 ❿

④ 긴 밀대와 면포를 이용하여 말아준다. 사진 ⓫

⑤ 반죽 표면(무늬가 있는 면)이 찢어지지 않도록 주의한다.

 이음매가 밑으로 오도록(풀어지지 않게)둔다.

시퐁 케이크(시퐁법)

합격 강의

⊙ 1시간 40분

요구사항 | 시퐁 케이크(시퐁법)를 제조하여 제출하시오.

❶ 배합표의 각 재료를 계량하여 재료별로 진열하시오(8분).
- 재료 계량(재료당 1분) → [감독위원 계량 확인] → 작품 제조 및 정리정돈(전체 시험시간 – 재료 계량시간)
- 재료 계량시간 내에 계량을 완료하지 못하여 시간이 초과된 경우 및 계량을 잘못한 경우는 추가의 시간 부여 없이 작품 제조 및 정리정돈 시간을 활용하여 요구사항의 무게대로 계량
- 달걀의 계량은 감독위원이 지정하는 개수로 계량
❷ 반죽은 시퐁법으로 제조하고 비중을 측정하시오.
❸ 반죽 온도는 23℃를 표준으로 하시오.
❹ 시퐁 팬을 사용하여 반죽을 분할하고 구우시오.
❺ 반죽은 전량을 사용하여 성형하시오.

배합표

재료명	비율(%)	무게(g)	재료 계량
박력분	100	400	
설탕 (A)	65	260	
설탕 (B)	65	260	
달걀	150	600	
소금	1.5	6	
베이킹파우더	2.5	10	
식용유	40	160	
물	30	120	
계	454	1,816	

먼저 생각해 두기

❶ 시퐁법이다.

❷ 머랭을 만들어야 한다.

❸ 거품형 반죽은 비중이 중요하다.

❹ 반죽을 틀에 어떻게 팬닝할지 생각해둔다.

❺ 생각보다 시간이 많이 걸릴 수 있으므로 서둘러야 한다.

준비하기

❶ 박력분, 베이킹파우더는 체 친다.

❷ 시퐁틀에 이형제 역할을 위해서 스프레이로 물을 뿌리고 뒤집어둔다.

❸ 노른자와 흰자를 잘 분리해야 한다.

❹ 오븐은 미리 켜서 예열한다.

❺ 비중 측정할 것을 준비한다(물 무게, 비중컵 무게).

1. 시퐁법은 노른자와 설탕 (A)의 휘핑을 많이 하지 말고 풀어주는 정도로 한다. 아이보리색이 날 때까지 휘핑하는 반죽법은 별립법이다.

2. 구운 후 뒤집어서 식힐 때, 유지를 바른 틀은 반죽이 틀과 바로 분리되어 케이크가 주저앉아 찌그러지므로 틀에 유지를 바르면 절대 안 된다.

❶ 반죽하기(1)

① 시퐁 틀에 스프레이로 물을 뿌려서 뒤집어둔다. 사진 ❶

② 흰자와 노른자를 분리한다.

③ 가루 재료(박력분, 베이킹파우더)를 체 친다.

④ 노른자에 식용유를 넣어 휘퍼로 섞는다.

⑤ 설탕 (A), 소금, 물을 넣고 설탕이 녹을 때까지 저어준다. 사진 ❷

⑥ 가루 재료(박력분, 베이킹파우더) 를 넣고 매끄럽게 섞는다. 사진 ❸

 흰자와 노른자를 분리할 때, 특히 흰자에 노른자가 들어가지 않도록 주의한다.

❷ 반죽하기(2)

① 흰자에 설탕 (B)을 나누어 섞어서 90% 머랭을 만든다.

② 반죽에 머랭을 1/2씩 섞는다. 사진 ❹, 사진 ❺

❸ 비중, 반죽 온도

① 비중 : 0.45±0.05

② 반죽 온도 : 23℃

❹ 팬닝하기

시퐁 틀에 반죽을 팬닝한 후 젓가락 등으로 2~3회 휘저어 반죽을 안정시킨다. 사진 ❻

 팬닝은 반죽을 짤주머니에 담거나 작은 그릇에 담아서 할 수 있다. 이때 틀 테두리에 반죽이 지저분하게 묻거나 테이블에 흘리지 않도록 깨끗이 해야 한다.

❺ 굽기

윗불 180℃, 아랫불 160~170℃에서 30여 분 굽는다.

❻ 굽기 후

① 반죽을 구운 후, 바로 틀을 뒤집어서 식힌다.

② 틀에서 반죽을 분리할 때에는 부서지지 않게 주의한다. 사진 ❼

 시간 초과로 실격이 나오기 쉬우니 시간 안에 제출할 수 있도록 해야 하고, 시간이 부족하면 찬물(얼음물)과 행주로 서둘러서 식혀야 한다.

다쿠와즈(머랭법)

합격 강의

⊙ 1시간 50분

요구사항 다쿠와즈를 제조하여 제출하시오.

❶ 배합표의 각 재료를 계량하여 재료별로 진열하시오(5분).
- 재료 계량(재료당 1분) → [감독위원 계량 확인] → 작품 제조 및 정리정돈(전체 시험시간－재료 계량시간)
- 재료 계량시간 내에 계량을 완료하지 못하여 시간이 초과된 경우 및 계량을 잘못한 경우는 추가의 시간 부여 없이 작품 제조 및 정리정돈 시간을 활용하여 요구사항의 무게대로 계량
- 달걀의 계량은 감독위원이 지정하는 개수로 계량
❷ 머랭을 사용하는 반죽을 만드시오.
❸ 표피가 갈라지는 다쿠와즈를 만드시오.
❹ 다쿠와즈 2개를 크림으로 샌드하여 1조의 제품으로 완성하시오.
❺ 반죽은 전량을 사용하여 성형하시오.

배합표

재료명	비율(%)	무게(g)	재료 계량
달걀흰자	130	325(326)	
설탕	40	100	
아몬드분말	80	200	
분당	66	165(166)	
박력분	20	50	
계	336	840(842)	
※ 충전용 재료는 계량시간에서 제외			
버터크림(샌드용)	90	225(226)	

먼저 생각해 두기

❶ 머랭법이다.

❷ 머랭을 만들어야 한다.

❸ 반죽은 조심히 다뤄야 한다.

준비하기

❶ 박력분, 분당, 아몬드분말은 같이 체 쳐둔다.

❷ 철판에 실리콘 페이퍼를 깔고 그 위에 다쿠와즈 팬을 올려둔다.

❸ 반죽을 팬닝할 짤주머니와 집게를 준비한다.

❹ 반죽을 다쿠와즈 팬에 팬닝한 후, 분당을 뿌릴 도구를 준비한다.

❺ 오븐을 미리 켜서 예열한다.

❶ 반죽하기(1)

① 박력분, 분당, 아몬드분말을 같이 체 쳐둔다. 사진 ❶

② 흰자에 설탕을 나누어 섞어서 90% 이상의(힘 있는) 머랭을 만든다. 사진 ❷

③ 머랭과 섞을 가루 재료를 준비한다. 사진 ❸

❷ 반죽하기(2), 팬닝하기

① 가루 재료에 머랭을 가볍게 섞는다. 사진 ❹, 사진 ❺

② 철판에 실리콘 페이퍼를 깔고, 그 위에 다쿠와즈 팬을 올린 팬에 반죽을 짤주머니에 담아서 틀보다 조금
　더 높게 짠 후, 스크래퍼를 이용하여 윗면을 다듬는다. 사진 ❻

❸ 굽기 전

① 반죽 윗면에 분당을 뿌린다(분당을 너무 많이 뿌리거나 너무 적게 뿌리면 윗면이 갈라지지 않는다). 사진 ❼

② 다쿠와즈 팬은 제거한 후에 굽는다. 사진 ❽

❹ 굽기

① 굽기 전 : 윗불 180~190℃, 아랫불 150℃에서 15~20여 분 굽는다.

② 굽기 후 : 다쿠와즈가 다 구워지면 지급받은 크림으로 샌드하여 2개를 붙여 1조의 제품으로 완성한다.

 TIP 크림을 샌드할 때에는 크림이 옆으로 새어 나오지 않도록 한다.

치즈 케이크(별립법)

합격 강의

⊙ 2시간 30분

요구사항 치즈 케이크를 제조하여 제출하시오.

❶ 배합표의 각 재료를 계량하여 재료별로 진열하시오(9분).
- 재료 계량(재료당 1분) → [감독위원 계량 확인] → 작품 제조 및 정리정돈(전체 시험시간 – 재료 계량시간)
- 재료 계량시간 내에 계량을 완료하지 못하여 시간이 초과된 경우 및 계량을 잘못한 경우는 추가의 시간 부여 없이 작품 제조 및 정리정돈 시간을 활용하여 요구사항의 무게대로 계량
- 달걀의 계량은 감독위원이 지정하는 개수로 계량

❷ 반죽은 별립법으로 제조하시오. ❸ 반죽 온도는 20℃를 표준으로 하시오.

❹ 반죽의 비중을 측정하시오. ❺ 제시한 팬에 알맞도록 분할하시오.

❻ 굽기는 중탕으로 하시오. ❼ 반죽은 전량을 사용하시오.

※ 감독위원은 시험 전 주어진 팬을 감안하여 팬의 개수를 지정하여 공지한다.

배합표

재료명	비율(%)	무게(g)	재료 계량
중력분	100	80	
버터	100	80	
설탕 (A)	100	80	
설탕 (B)	100	80	
달걀	300	240	
크림치즈	500	400	
우유	162.5	130	
럼주	12.5	10	
레몬주스	25	20	
계	1,400	1,120	

먼저 생각해 두기

❶ 굽기는 중탕으로 한다(중탕법).

❷ 만드는 순서를 잘 알아야 한다.

❸ 별립법 + 크림법이다.

❹ 별립법이므로 머랭을 만들어야 한다.

준비하기

❶ 팬닝을 비중컵에 해야 하므로 이형제 역할을 위해 틀에 버터를 얇게 바르고 설탕을 피복시켜둔다.

❷ 가루 재료는 체 친다.

❸ 크림치즈를 부드럽게 풀어두고, 우유는 실온 정도로 데운다.

❹ 버터를 부드럽게 해둔다.

❺ 중탕 굽기 시 필요한 물을 준비한다.

❻ 반죽을 팬닝할 때 사용할 짤주머니와 집게를 준비한다.

❼ 오븐은 미리 켜서 예열한다.

❽ 비중 측정할 것을 준비한다(물 무게, 비중컵 무게).

 중탕법이란 끓는 물에서 중탕하여 굽는 방법을 말한다.

1 반죽하기(1)

① 가루 재료는 체 쳐둔다.

② 크림치즈와 버터는 부드럽게 풀고, 설탕 (A)와 노른자를 넣는다. 사진 ❶, 사진 ❷

③ 여기에 럼주, 레몬주스, 우유를 섞는다.

2 반죽하기(2)

① 흰자에 설탕 (B)를 나누어 섞어 90% 머랭을 만든다.

② 치즈 반죽에 머랭 1/2을 넣어 섞고, 체 친 중력분과 나머지 머랭을 섞는다. 사진 ❸, 사진 ❹, 사진 ❺

3 비중, 반죽 온도

① 비중 : 0.70±0.05

② 반죽 온도 : 20℃

4 팬닝하기

① 반죽을 짤주머니에 담아서 틀의 약 70~80% 정도 팬닝한다(약 20개). 사진 ❻

② 팬닝을 한 후에 컵을 바닥에 살짝 친다.

5 굽기 전

철판에 팬닝한 컵을 일정한 간격으로 놓고 끓인 물(약 2,500g 정도)을 틀의 1/3만큼 붓는다. 사진 ❼

 끓인 물이 반죽에 들어가지 않게 주의한다.

6 굽기

① 중탕법으로 윗불 150℃, 아랫불 150℃에서 60여 분 굽는다. 사진 ❽

② 구운 후 한 김 식힌 다음 컵에서 조심스럽게 뺀다.

마드레느(1단계 변형반죽법)

합격 강의

⊙ 1시간 50분

요구사항 | **마드레느를 제조하여 제출하시오.**

❶ 배합표의 각 재료를 계량하여 재료별로 진열하시오(7분).
  • 재료 계량(재료당 1분) → [감독위원 계량 확인] → 작품 제조 및 정리정돈(전체 시험시간 – 재료 계량시간)
  • 재료 계량시간 내에 계량을 완료하지 못하여 시간이 초과된 경우 및 계량을 잘못한 경우는 추가의 시간 부여 없이 작품 제조 및 정리정돈 시간을 활용하여 요구사항의 무게대로 계량
  • 달걀의 계량은 감독위원이 지정하는 개수로 계량
❷ 마드레느는 수작업으로 하시오.
❸ 버터를 녹여서 넣는 1단계법(변형) 반죽법을 사용하시오.
❹ 반죽 온도는 24℃를 표준으로 하시오.
❺ 실온에서 휴지시키시오.
❻ 제시된 팬에 알맞은 반죽량을 넣으시오.
❼ 반죽은 전량을 사용하여 성형하시오.

배합표

재료명	비율(%)	무게(g)	재료 계량
박력분	100	400	
베이킹파우더	2	8	
설탕	100	400	
달걀	100	400	
레몬껍질	1	4	
소금	0.5	2	
버터	100	400	
계	403.5	1,614	

먼저 생각해 두기

❶ 1단계법을 이해한다.

❷ 비교적 쉬운 과제이다.

❸ 수작업이다.

❹ 실온 휴지시킨다.

준비하기

❶ 가루 재료는 체 쳐둔다.

❷ 레몬은 껍질 부분만 강판에 갈아서 준비한다.

❸ 버터는 중탕해둔다.

❹ 팬에 유지를 얇게 꼼꼼히 발라서 작품이 틀에서 잘 분리될 수 있도록 준비한다.

❺ 반죽을 팬닝할 때 사용할 짤주머니와 집게를 준비한다.

❻ 오븐은 미리 켜서 예열한다.

 팬에 유지를 바른 후 밀가루까지 바르면 작업대가 지저분해지기 쉬우므로 유지를 꼼꼼히 바르는 것으로 충분하다.

① **반죽하기(1)**

① 박력분, 베이킹파우더, 설탕, 소금을 휘퍼로 골고루 섞는다. 사진 **①**

② 계란을 넣고 골고루 섞는다. 사진 **②**, 사진 **③**

2 반죽하기(2)

① 녹여둔 버터(40~45℃)를 넣고 잘 섞는다. 사진 ④

② 레몬은 껍질만 강판에 갈아서 ①에 넣고 섞는다. 사진 ⑤

③ 반죽 온도 : 24℃

④ 휴지 : 실온 휴지(20~30분)

3 팬닝하기

반죽을 짤주머니에 담아서 틀의 약 80% 정도 짠다. 사진 ⑥, 사진 ⑦

 1. 반죽이 줄줄 흐르지 않도록 집게를 사용하여 깔끔한 작업이 될 수 있게 한다.

2. 팬닝 전(반죽 휴지 시) 미리 틀에 이형제를 발라둔다.

4 굽기

윗불 190℃, 아랫불 160℃에서 20여 분 굽는다.

브라우니 (1단계 변형반죽법)

합격 강의

⊙ 1시간 50분

요구사항 | 브라우니를 제조하여 제출하시오.

❶ 배합표의 각 재료를 계량하여 재료별로 진열하시오(9분).

• 재료 계량(재료당 1분) → [감독위원 계량 확인] → 작품 제조 및 정리정돈(전체 시험시간－재료 계량시간)

• 재료 계량시간 내에 계량을 완료하지 못하여 시간이 초과된 경우 및 계량을 잘못한 경우는 추가의 시간 부여 없이 작품 제조 및 정리정돈 시간을 활용하여 요구사항의 무게대로 계량

• 달걀의 계량은 감독위원이 지정하는 개수로 계량

❷ 브라우니는 수작업으로 반죽하시오.

❸ 버터와 초콜릿을 함께 녹여서 넣는 1단계 변형반죽법으로 하시오.

❹ 반죽 온도는 27℃를 표준으로 하시오.

❺ 반죽은 전량을 사용하여 성형하시오.

❻ 3호 원형 팬 2개에 팬닝하시오.

❼ 호두의 반은 반죽에 사용하고 나머지 반은 토핑하며, 반죽 속과 윗면에 골고루 분포되게 하시오(호두는 구워서 사용).

배합표

재료명	비율(%)	무게(g)	재료 계량
중력분	100	300	
달걀	120	360	
설탕	130	390	
소금	2	6	
버터	50	150	
다크초콜릿(커버춰)	150	450	
코코아파우더	10	30	
바닐라향	2	6	
호두	50	150	
계	614	1,842	

먼저 생각해 두기

❶ 1단계법을 이해한다.

❷ 수작업이다.

❸ 겨울에는 반죽이 굳기 쉬우므로 반죽 상태에 주의한다.

❹ 3호 틀 2개에 팬닝해야 한다.

준비하기

❶ 가루 재료는 체 쳐둔다.

❷ 초콜릿과 버터는 중탕으로 녹여둔다(40~45℃).

❸ 3호 틀 2개에 유산지를 깔아둔다.

❹ 호두는 150℃에서 살짝 로스팅해둔다. 로스팅 후 브라우니를 굽는 온도로 오븐을 세팅한다.

① 반죽하기(1)

① 볼에 중력분, 코코아파우더, 바닐라향을 체 쳐둔다.

② ①에 설탕과 소금을 넣고 휘퍼로 섞는다.

③ 풀어 둔 계란을 ②에 넣고 골고루 섞는다. 사진

④ 녹인 초콜릿과 버터를 넣고 잘 섞는다. 사진 ❷, 사진 ❸

> TIP
> 1. 겨울에는 특히 반죽 온도가 27℃보다 내려가지 않도록 각별히 주의해야 한다.
> 2. 겨울에는 설탕＋소금＋계란을 섞고, 살짝 중탕한 후 초콜릿을 섞어도 좋다(겨울철 초콜릿 굳는 것을 방지하기 위함이다).

② 반죽하기(2)

로스팅한 호두의 1/2을 넣고 섞는다. 사진 ❹

③ 반죽 온도

반죽 온도 : 27℃

④ 팬닝하기

3호 원형 틀 2개에 팬닝한다. 사진 ❺

> TIP
> 1. 겨울에 반죽이 굳으면 팬닝 후 윗면을 고루 펼 때 깔아 둔 유산지가 이리저리 움직일 수 있으므로 주의해야 한다.
> 2. 반죽을 만들어서 바로 팬닝하는 것이 좋다.

⑤ 굽기 전

나머지 로스팅한 호두 1/2을 반죽 윗면에 골고루 뿌려 준다. 사진 ❻

⑥ 굽기

윗불 170℃, 아랫불 160℃에서 20〜25여 분 굽는다.

> TIP
> 현장에서(시험이 아닌) 촉촉한 브라우니를 구울 때에는 20여 분 정도 굽기도 한다.

파운드 케이크(크림법)

합격 강의

⊙ 2시간 30분

요구사항 파운드 케이크를 제조하여 제출하시오.

❶ 배합표의 각 재료를 계량하여 재료별로 진열하시오(9분).
  • 재료 계량(재료당 1분) → [감독위원 계량 확인] → 작품 제조 및 정리정돈(전체 시험시간 – 재료 계량시간)
  • 재료 계량시간 내에 계량을 완료하지 못하여 시간이 초과된 경우 및 계량을 잘못한 경우는 추가의 시간 부여 없이 작품 제조 및 정리정돈 시간을 활용하여 요구사항의 무게대로 계량
  • 달걀의 계량은 감독위원이 지정하는 개수로 계량
❷ 반죽은 크림법으로 제조하시오.
❸ 반죽 온도는 23℃를 표준으로 하시오.
❹ 반죽의 비중을 측정하시오.
❺ 윗면을 터뜨리는 제품을 만드시오.
❻ 반죽은 전량을 사용하여 성형하시오.

배합표

재료명	비율(%)	무게(g)	재료 계량
박력분	100	800	
설탕	80	640	
버터	80	640	
유화제	2	16	
소금	1	8	
탈지분유	2	16	
바닐라향	0.5	4	
베이킹파우더	2	16	
달걀	80	640	
계	347.5	2,780	

먼저 생각해 두기

❶ 크림법이다.

❷ 크림법의 비중을 알아 둔다(0.80±0.05).

❸ 유지의 상태에 주의한다.

❹ 굽기 중에 칼집을 넣는다.

준비하기

❶ 가루재료는 체 쳐둔다.

❷ 유지는 부드럽게 해둔다.

❸ 파운드틀에 유산지를 깔아둔다.

❹ 오븐은 미리 켜서 예열한다.

❺ 비중 측정할 것을 준비한다(물 무게, 비중컵 무게).

① 반죽하기

① 버터를 부드럽게 한 후, 믹서 볼에 넣고 휘퍼로 돌린다.

② ①에 설탕, 소금, 유화제를 넣고 고속(3단)으로 휘핑한다.

③ 계란을 3~4회 나누어 넣으면서 부드러운 크림 상태로 휘핑한다.

④ 반죽을 밀가루를 섞기 쉬운 그릇으로 옮긴다. 사진 ❶

⑤ 박력분, 바닐라향, 탈지분유, 베이킹파우더를 나무주걱으로 섞는다. 사진 ❷, 사진 ❸

② 비중, 반죽 온도

① 비중 : 0.80±0.05

② 반죽 온도 : 23℃

3 팬닝하기

① 파운드틀 4개에 70% 정도 팬닝한다.

② 윗면을 깔끔하게 다듬는다. 사진 ❹

4 굽기

① 윗불 200~210℃, 아랫불 160℃에서 10~15분 정도 굽는다.

② 윗면이 갈색이 되면 오븐에서 꺼내서 식용유를 묻힌 커터칼(스패츄러)로 윗면을 일(ㅡ) 자로 자른다. 사진 ❺

③ 다시 오븐에 넣고 윗불 170℃, 아랫불 160℃에서 30~40분 정도 더 굽는다.

 파운드 케이크의 굽기 과정 정리

$\dfrac{200\sim210℃}{160℃}$ (15분 정도 굽기) → $\dfrac{약한 갈색}{칼집 넣기}$ → $\dfrac{170℃}{160℃}$ (30~40여 분 굽기)

초코 머핀(초코 컵 케이크) (크림법)

합격 강의

⊙ 1시간 50분

요구사항 초코 머핀(초코 컵 케이크)을 제조하여 제출하시오.

❶ 배합표의 각 재료를 계량하여 재료별로 진열하시오(11분).
  • 재료 계량(재료당 1분) → [감독위원 계량 확인] → 작품 제조 및 정리정돈(전체 시험시간 – 재료 계량시간)
  • 재료 계량시간 내에 계량을 완료하지 못하여 시간이 초과된 경우 및 계량을 잘못한 경우는 추가의 시간 부여 없이 작품 제조 및 정리정돈 시간을 활용하여 요구사항의 무게대로 계량
  • 달걀의 계량은 감독위원이 지정하는 개수로 계량
❷ 반죽은 크림법으로 제조하시오.
❸ 반죽 온도는 24℃를 표준으로 하시오.
❹ 초코칩은 제품의 내부에 골고루 분포되게 하시오.
❺ 반죽 분할은 주어진 팬에 알맞은 양으로 팬닝하시오.
❻ 반죽은 전량을 사용하여 성형하시오.

※ 감독위원은 시험 전 주어진 팬을 감안하여 팬의 개수를 지정하여 공지한다.

배합표

재료명	비율(%)	무게(g)	재료 계량
박력분	100	500	
설탕	60	300	
버터	60	300	
달걀	60	300	
소금	1	5(4)	
베이킹소다	0.4	2	
베이킹파우더	1.6	8	
코코아파우더	12	60	
물	35	175(174)	
탈지분유	6	30	
초코칩	36	180	
계	372	1,860(1,858)	

먼저 생각해 두기

❶ 크림법이다.

❷ 유지의 상태에 주의한다.

❸ 팬닝은 짤주머니로 짠다.

준비하기

❶ 가루 재료는 체 쳐둔다.

❷ 유지는 부드럽게 해둔다.

❸ 머핀 틀(1장에 24구)에 머핀 유산지를 깔아둔다.

❹ 오븐은 미리 켜서 예열한다.

❶ 반죽하기(1)

① 수작업으로 버터를 부드럽게 한다(믹서도 가능). 사진 ❶

② ①에 설탕과 소금을 넣고 크림화한다[믹서는 고속(3단)으로 크림화한다]. 사진 ❷

③ 계란을 3~4회 나누어 넣으면서 부드러운 크림 상태로 휘핑한다(믹서도 동일하게). 사진 ❸

 TIP 반죽의 양이 적어 믹서에서 작업을 하면 유지가 볼에 붙고 작업이 더 번거로울 수 있으므로 수작업을 하는 것이 좋다.

❷ 반죽하기(2)

① 휘핑한 반죽에 박력분, 코코아파우더, 베이킹소다, 베이킹파우더, 탈지분유를 넣고 나무주걱으로 섞는다. 사진 ❹

② 물을 넣고 섞는다. 사진 ❺

③ 초코칩을 넣고 섞는다. 사진 ❻

④ 반죽 온도 : 24℃

❸ 팬닝하기 & 굽기

① 반죽을 짤주머니에 담아서 팬의 약 70~80% 정도 팬닝한다. 사진 ❼

② 윗불 180℃, 아랫불 150~160℃에서 25~30여 분 굽는다.

마데라(컵) 케이크(크림법)

합격 강의

⊙ 2시간

요구사항 | 마데라(컵) 케이크를 제조하여 제출하시오.

❶ 배합표의 각 재료를 계량하여 재료별로 진열하시오(9분).
  • 재료 계량(재료당 1분) → [감독위원 계량 확인] → 작품 제조 및 정리정돈(전체 시험시간 – 재료 계량시간)
  • 재료 계량시간 내에 계량을 완료하지 못하여 시간이 초과된 경우 및 계량을 잘못한 경우는 추가의 시간 부여 없이
    작품 제조 및 정리정돈 시간을 활용하여 요구사항의 무게대로 계량
  • 달걀의 계량은 감독위원이 지정하는 개수로 계량
❷ 반죽은 크림법으로 제조하시오.
❸ 반죽 온도는 24℃를 표준으로 하시오.
❹ 반죽 분할은 주어진 팬에 알맞은 양을 팬닝하시오.
❺ 적포도주 퐁당을 1회 바르시오.
❻ 반죽은 전량을 사용하여 성형하시오.

※ 감독위원은 시험 전 주어진 팬을 감안하여 팬의 개수를 지정하여 공지한다.

배합표

재료명	비율(%)	무게(g)	재료 계량
박력분	100	400	
버터	85	340	
설탕	80	320	
소금	1	4	
달걀	85	340	
베이킹파우더	2.5	10	
건포도	25	100	
호두	10	40	
적포도주	30	120	
계	418.5	1,674	

※ 충전용 재료는 계량시간에서 제외

분당	20	80
적포도주	5	20

먼저 생각해 두기

❶ 크림법이다.

❷ 전처리가 있다.

❸ 팬닝은 머핀 틀에 한다.

준비하기

❶ 가루 재료는 체 쳐둔다.

❷ 유지는 부드럽게 해둔다.

❸ 머핀 틀에 머핀 유산지를 깔아둔다.

❹ 건포도, 호두에 포도주를 넣어서 전처리한다.

❺ 오븐은 미리 켜서 예열한다.

❻ 팬닝할 때 사용할 짤주머니와 가위를 준비한다.

❶ 반죽 전 : 전처리하기

건포도와 호두에 포도주를 넣어서 전처리한다. 사진 ❶

❷ 반죽하기(1)

① 부드럽게 한 버터를 믹서 볼에 넣고 휘퍼로 돌려서 부드럽게 한다(유지 양이 적어 손반죽이 가능하다).

② ①에 설탕, 소금을 넣고 크림화를 충분히 한다.

③ 달걀을 3∼4회 나눠 넣으면서 부드러운 크림 상태로 휘핑한다.

④ 반죽을 가루 재료와 섞기 쉬운 그릇으로 옮긴다. 사진 ❷

⑤ 전처리한 포도주는 체에 내려두고, 건포도와 호두는 여분의 덧가루를 뿌려둔다. 사진 ❸

❸ 반죽하기(2)

① 반죽에 가루 재료를 섞고, 전처리한 건포도와 호두를 섞는다. 사진 ❹, 사진 ❺

② 전처리한 포도주를 섞는다. 사진 ❻

③ 반죽 온도 : 24℃

❹ 팬닝하기

반죽을 짤주머니에 담아서 팬의 약 70∼80% 정도 팬닝한다(24구 1판). 사진 ❼

❺ 굽기

① 윗불 180℃, 아랫불 150∼160℃에서 25∼30분 정도 굽는다.

② 오븐에서 꺼내 적포도주 퐁당(분당 + 포도주)을 붓으로 바르고 다시 오븐에 넣어 2∼3분 더 굽는다. 사진 ❽

TIP 적포도주 퐁당은 거의 다 익었을 때 발라준다.

과일 케이크(별립법)

합격 강의

⊙ 2시간 30분

요구사항 | 과일 케이크를 제조하여 제출하시오.

❶ 배합표의 각 재료를 계량하여 재료별로 진열하시오(13분).
   • 재료 계량(재료당 1분) → [감독위원 계량 확인] → 작품 제조 및 정리정돈(전체 시험시간 − 재료 계량시간)
   • 재료 계량시간 내에 계량을 완료하지 못하여 시간이 초과된 경우 및 계량을 잘못한 경우는 추가의 시간 부여 없이 작품 제조 및 정리정돈 시간을 활용하여 요구사항의 무게대로 계량
   • 달걀의 계량은 감독위원이 지정하는 개수로 계량
❷ 반죽은 별립법으로 제조하시오.
❸ 반죽 온도는 23℃를 표준으로 하시오.
❹ 제시한 팬에 알맞도록 분할하시오.
❺ 반죽은 전량을 사용하여 성형하시오.

배합표

재료명	비율(%)	무게(g)	재료 계량
박력분	100	500	
설탕	90	450	
마가린	55	275(276)	
달걀	100	500	
우유	18	90	
베이킹파우더	1	5(4)	
소금	1.5	7.5(8)	
건포도	15	75(76)	
체리	30	150	
호두	20	100	
오렌지필	13	65(66)	
럼주	16	80	
바닐라향	0.4	2	
계	459.9	2,299.5 (2,300~2,302)	

먼저 생각해 두기

❶ 별립법 + 크림법이다.

❷ 전처리가 있다.

❸ 머랭을 만들어야 한다.

준비하기

❶ 가루재료는 체 쳐둔다.

❷ 달걀은 흰자와 노른자로 분리한다.

❸ 설탕은 반으로 나눠둔다.

❹ 유지를 부드럽게 한다.

❺ 틀에 유산지를 깔아둔다.

❻ 건포도, 호두, 체리, 오렌지필은 럼주에 넣고 전처리한다.

❼ 오븐은 미리 켜서 예열한다.

① 반죽 전 : 전처리하기

건포도, 호두, 체리, 오렌지필에 럼주를 넣어서 전처리한다. 사진 **❶**

② 반죽하기(1)

마가린에 설탕 1/2을 넣고 휘핑한다(크림화). 사진 **❷**, 사진 **❸**

> 🥛TIP 별립법(흰자)과 크림법(노른자)의 복합법이다.

③ 반죽하기(2)

① 휘핑한 마가린에 노른자를 조금씩 섞는다. 사진 **❹**

② 전처리한 재료의 럼주를 체에 내리고, 전처리한 과일에는 여분의 덧가루를 뿌려둔다. 사진 **❺**

③ 반죽에 전처리한 과일을 섞는다.

④ 믹서 볼에 흰자와 설탕 1/2로 튼튼한 머랭(90%)을 만들고, ③의 반죽에 머랭 1/2을 섞는다.

④ 반죽하기(3)

① 가루 재료(박력분, 베이킹파우더, 바닐라향)를 넣어 섞고, 가루가 보이지 않을 때쯤 우유와 나머지 머랭 1/2
  을 섞는다. 사진 **❻**, 사진 **❼**, 사진 **❽**

② 반죽 온도 : 23℃

⑤ 팬닝하기

반죽을 팬의 약 60~70% 정도 팬닝한다. 사진 **❾**, 사진 **❿**

⑥ 굽기

윗불 180℃, 아랫불 160℃에서 40분 정도 굽는다.

버터쿠키(크림법)

합격 강의

⏷ 2시간

요구사항 | 버터쿠키를 제조하여 제출하시오.

❶ 배합표의 각 재료를 계량하여 재료별로 진열하시오(6분).

- 재료 계량(재료당 1분) → [감독위원 계량 확인] → 작품 제조 및 정리정돈(전체 시험시간 − 재료 계량시간)
- 재료 계량시간 내에 계량을 완료하지 못하여 시간이 초과된 경우 및 계량을 잘못한 경우는 추가의 시간 부여 없이 작품 제조 및 정리정돈 시간을 활용하여 요구사항의 무게대로 계량
- 달걀의 계량은 감독위원이 지정하는 개수로 계량

❷ 반죽은 크림법으로 수작업하시오.

❸ 반죽 온도는 22℃를 표준으로 하시오.

❹ 별모양 깍지를 끼운 짤주머니를 사용하여 2가지 모양짜기를 하시오(8자, 장미 모양).

❺ 반죽은 전량을 사용하여 성형하시오.

배합표

재료명	비율(%)	무게(g)	재료 계량
박력분	100	400	
버터	70	280	
설탕	50	200	
소금	1	4	
달걀	30	120	
바닐라향	0.5	2	
계	251.5	1,006	

먼저 생각해 두기

❶ 짜는 쿠키이다.

❷ 크림법이다.

준비하기

❶ 가루재료는 체 쳐둔다.

❷ 유지를 부드럽게 한다.

❸ 짤주머니와 별깍지를 준비한다.

❹ 철판은 깨끗이 닦아서 준비한다.

❺ 오븐은 미리 켜서 예열한다.

❶ 반죽하기(1)

① 박력분과 향은 체 쳐둔다.

② 볼에 버터를 넣고 부드럽게 풀어준다. 사진 ❶

③ 설탕과 소금을 넣고 크림화한다(아이보리색). 사진 ❷

④ 달걀을 나누어서 넣고 부드러운 크림을 만든다. 사진 ❸

❷ 반죽하기(2)

① 체를 친 박력분과 바닐라향을 나무주걱으로 가볍게 섞는다. 사진 ❹

② 반죽 온도 : 22℃

③ 성형하기(짜기)

짤주머니에 별깍지를 끼우고 반죽을 조금 담아서 철판에 장미 모양과 8자 모양으로 짠다. 사진 ❺

④ 팬닝하기

일정한 간격으로 짜서 팬닝한다.

⑤ 굽기

윗불 190℃, 아랫불 140℃에서 15분 정도 굽는다.

1. 일정한 모양, 크기, 두께로 짜야 한다.
2. 쿠키 색이 일정해야 한다. 구우면서 철판을 돌려 주기도 하고 색이 난 것은 먼저 오븐에서 꺼내기도 해야 한다.

쇼트브레드 쿠키(크림법)

합격 강의

⊙ 2시간

요구사항　쇼트브레드 쿠키를 제조하여 제출하시오.

❶ 배합표의 각 재료를 계량하여 재료별로 진열하시오(9분).
- 재료 계량(재료당 1분) → [감독위원 계량 확인] → 작품 제조 및 정리정돈(전체 시험시간 – 재료 계량시간)
- 재료 계량시간 내에 계량을 완료하지 못하여 시간이 초과된 경우 및 계량을 잘못한 경우는 추가의 시간 부여 없이 작품 제조 및 정리정돈 시간을 활용하여 요구사항의 무게대로 계량
- 달걀의 계량은 감독위원이 지정하는 개수로 계량

❷ 반죽은 수작업으로 하여 크림법으로 제조하시오.

❸ 반죽 온도는 20℃를 표준으로 하시오.

❹ 제시한 정형기를 사용하여 두께 0.7~0.8cm, 지름 5~6cm(정형기에 따라 가감) 정도로 정형하시오.

❺ 제시한 2개의 팬에 전량 성형하시오(단, 시험장 팬의 크기에 따라 감독위원이 별도로 지정할 수 있다).

❻ 달걀 노른자칠을 하여 무늬를 만드시오.
- 달걀은 총 7개를 사용하며, 달걀 크기에 따라 감독위원이 가감하여 지정할 수 있다.
  ① 배합표 반죽용 4개(달걀 1개+노른자용 달걀 3개)　　② 달걀 노른자칠용 달걀 3개

배합표

재료명	비율(%)	무게(g)	재료 계량
박력분	100	500	
마가린	33	165(166)	
쇼트닝	33	165(166)	
설탕	35	175(176)	
소금	1	5(6)	
물엿	5	25(26)	
달걀	10	50	
노른자	10	50	
바닐라향	0.5	2.5(2)	
계	227.5	1,137.5(1,142)	

먼저 생각해 두기

❶ 밀어펴는 쿠키이다.

❷ 성형은 쿠키 커터기를 사용한다.

❸ 크림법이다.

준비하기

❶ 가루재료는 체 쳐둔다.

❷ 유지를 부드럽게 한다.

❸ 철판은 깨끗이 닦아서 준비한다(반죽 휴지시간에 준비).

❹ 오븐은 미리 켜서 예열한다(성형하기 전에).

 1. 시간 초과가 되지 않도록 주의한다.

2. 팬닝은 철판 2장에 모두 하는 것이 좋다.

❶ 반죽하기(수작업)

① 박력분과 향은 체 쳐둔다.

② 볼에 유지(버터, 쇼트닝)를 넣고 부드럽게 풀어 준다.

③ 설탕과 소금을 넣고 크림화한다(아이보리색).

④ 달걀과 노른자를 나누어서 넣고 크림화한다. 사진 ❶

⑤ 체 친 박력분과 향을 나무주걱으로 가볍게 자르듯이 섞는다. 사진 ❷, 사진 ❸

❷ 반죽 온도

반죽 온도 : 20℃

❸ 냉장 휴지

반죽을 비닐에 싸서 냉장고에 넣고 20~30분 정도 휴지한다. 사진 ❹

❹ 성형하기

반죽에 덧가루를 뿌리면서 밀대로 두께 0.8cm 정도로 밀어편 후, 정형기로 찍어 낸다. 사진 ❺

❺ 팬닝하기

여분의 덧가루는 털어 내고 일정한 간격으로 팬닝한다. 사진 ❻. 사진 ❼

 팬닝은 철판 2장에 하는 것이 좋다.

❻ 굽기

① 굽기 전 노른자를 체에 거른 후 붓으로 2회 바르고, 포크를 이용하여 물결 모양을 낸다. 사진 ❽. 사진 ❾

② 윗불 190℃, 아랫불 140℃에서 15분 정도 굽는다.

 시간 초과가 되지 않도록 시간을 확인하면서 작업해야 한다.

타르트(크림법)

⊗ **2시간 20분**

요구사항 타르트를 제조하여 제출하시오.

❶ 배합표의 반죽용 재료를 계량하여 재료별로 진열하시오(5분).

　(충전물·토핑 등의 재료는 휴지시간을 활용하시오.)

　· 재료 계량(재료당 1분) → [감독위원 계량 확인] → 작품 제조 및 정리정돈(전체 시험시간 − 재료 계량시간)

　· 재료 계량시간 내에 계량을 완료하지 못하여 시간이 초과된 경우 및 계량을 잘못한 경우는 추가의 시간 부여 없이
　　작품 제조 및 정리정돈 시간을 활용하여 요구사항의 무게대로 계량

　· 달걀의 계량은 감독위원이 지정하는 개수로 계량

❷ 반죽은 크림법으로 제조하시오.

❸ 반죽 온도는 20℃를 표준으로 하시오.

❹ 반죽은 냉장고에서 20~30분 정도 휴지하시오.

❺ 두께 3mm 정도로 밀어펴서 팬에 맞게 성형하시오.

❻ 아몬드 크림을 제조해서 팬(ø 10~12cm) 용적의
　60~70% 정도 충전하시오.

❼ 아몬드 슬라이스를 윗면에 고르게 장식하시오.

❾ 광택제로 제품을 완성하시오.

❽ 8개를 성형하시오.

배합표

반죽

재료명	비율(%)	무게(g)	재료 계량
박력분	100	400	
달걀	25	100	
설탕	26	104	
버터	40	160	
소금	0.5	2	
계	191.5	766	

충전물

재료명	비율(%)	무게(g)	재료 계량
아몬드분말	100	250	
설탕	90	226	
버터	100	250	
달걀	65	162	
브랜디	12	30	
계	367	918	

광택제 및 토핑

재료명	비율(%)	무게(g)
아몬드 슬라이스	66.6	100

재료명	비율(%)	무게(g)
에프리코트 혼당	100	150
물	40	60
계	140	210

먼저 생각해 두기

❶ 밀어편 반죽과 아몬드 크림을 구운 과자이다.

❷ 타르트 틀을 사용한다.

❸ 반죽과 아몬드 크림은 크림법으로 만든다.

준비하기

❶ 가루 재료는 체 쳐두고, 유지를 부드럽게 한다.

❷ 타르트 틀은 깨끗이 닦고, 유지를 살짝 발라 둔다 (반죽 휴지시간에).

❸ 오븐은 미리 켜서 예열한다(성형하기 전에).

❹ 크림을 짤 짤주머니와 둥근 깍지를 준비한다.

❺ 밀대, 덧가루, 포크(피케 – 바닥에 구멍내기)를 준비한다.

① 반죽하기(반죽 온도 : 20℃), **냉장 휴지**

① 박력분과 향은 체 쳐둔다.

② 볼에 버터를 넣고 부드럽게 풀어준 후, 설탕과 소금을 넣고 크림화한다. 사진 ❶

③ 달걀을 나누어 넣고 부드러운 크림을 만든 후, 박력분을 가볍게 섞는다. 사진 ❷, 사진 ❸

④ 반죽을 비닐에 싸서 냉장 휴지(20~30분)시킨다.

② 충전물 만들기

① 버터를 부드럽게 한 후, 설탕을 섞어 크림화하고 달걀을 섞는다. 사진 ❹

② 체 친 아몬드분말과 브랜디를 섞는다. 사진 ❺

❸ 정형하기

① 휴지시킨 반죽을 두께 3mm로 밀어편 후 팬에 깔고(8개) 여분의 반죽은 잘라낸다. 사진 ❻

② 포크로 바닥에 구멍을 낸다(피케하기).

③ 충전용 아몬드 크림을 짤주머니로 70% 정도 돌려 짠다. 사진 ❼

④ 윗면에 아몬드 슬라이스를 골고루 뿌린다. 사진 ❽

❹ 굽기

① 윗불 170~180℃, 아랫불 190~200℃에서 25~30여 분 굽는다.

② 구운 후 틀에서 분리한다. 사진 ❾

③ 에프리코트 혼당에 물을 섞어 살짝 끓인 광택제를 윗면에 발라 준다. 사진 ❿, 사진 ⓫

제과기능사

호두 파이(블렌딩법)

합격 강의

2시간 30분

요구사항 **호두 파이를 제조하여 제출하시오.**

❶ 껍질 재료를 계량하여 재료별로 진열하시오(7분).
- 재료 계량(재료당 1분) → [감독위원 계량 확인] → 작품 제조 및 정리정돈(전체 시험시간 – 재료 계량시간)
- 재료 계량시간 내에 계량을 완료하지 못하여 시간이 초과된 경우 및 계량을 잘못한 경우는 추가의 시간 부여 없이 작품 제조 및 정리정돈 시간을 활용하여 요구사항의 무게대로 계량
- 달걀의 계량은 감독위원이 지정하는 개수로 계량

❷ 껍질에 결이 있는 제품으로 손반죽으로 제조하시오.
❸ 껍질 휴지는 냉장온도에서 실시하시오.
❹ 충전물은 개인별로 각자 제조하시오(호두는 구워서 사용).
❺ 구운 후 충전물의 층이 선명하도록 제조하시오.
❻ 제시한 팬 7개에 맞는 껍질을 제조하시오(팬 크기가 다를 경우 크기에 따라 가감).
❼ 반죽은 전량을 사용하여 성형하시오.

배합표

껍질

재료명	비율(%)	무게(g)	재료 계량
중력분	100	400	
노른자	10	40	
소금	1.5	6	
설탕	3	12	
생크림	12	48	
버터	40	160	
물	25	100	
계	191.5	766	

충전물(※ 계량시간에서 제외)

재료명	비율(%)	무게(g)	재료 계량
호두	100	250	
설탕	100	250	
물엿	100	250	
계핏가루	1	2.5(2)	
물	40	100	
달걀	240	600	
계	581	1,452.5(1,452)	

먼저 생각해 두기

❶ 블렌딩법의 일종으로 반죽형 파이반죽이다.
❷ 반죽은 냉장 휴지시켜야 한다.
❸ 충전물을 만들어야 한다.
❹ 작업 순서를 잘 숙지해 두어야 한다.
❺ 손반죽으로 한다.

준비하기

❶ 가루 재료는 체 쳐둔다.
❷ 호두는 살짝 로스트한다.
❸ 유지의 상태를 확인한다(너무 묽거나 너무 딱딱하면 좋지 않다).
❹ 작업이 조금 복잡하므로 작업도구를 잘 준비한다.
❺ 틀에 유지를 얇게 발라 둔다(반죽 휴지할 때).
❻ 오븐은 미리 켜서 예열한다.

❶ 반죽하기

① 물에 설탕과 소금을 녹인 후, 생크림과 노른자를 섞어둔다. 사진 ❶

② 테이블에 중력분을 체 친 후, 중력분 위에 버터를 올리고 스크래퍼로 버터를 작게 다진다. 사진 ❷

③ ②에 ①을 붓고, 골고루 섞어 한 덩어리로 만든다. 사진 ❸

④ 반죽은 비닐에 싸서 냉장 휴지시킨다(20~30분).

 반죽을 먼저 만들어서 휴지시켜 놓고, 다른 것을 준비한다.

② 충전물 만들기

① 볼에 설탕과 계핏가루를 섞고 물과 물엿을 넣어 중탕물에 올려 주걱으로 녹인다. 사진 ❹

② 다른 볼에 달걀을 넣고 휘퍼로 살짝 저은 후, ①을 섞어 준다. 사진 ❺

③ ②를 체 치고, 윗면에 거품이 있으면 종이로 제거한다. 사진 ❻

③ 성형하기

① 반죽을 밀대로 두께 0.3∼0.5cm으로 밀어편 후 틀에 깐다.

② 포크를 이용해서 바닥에 구멍을 내고, 테두리에 손가락 끝으로 모양을 만든다. 사진 ❼

 감독위원의 지시에 따라 개수대로 성형하고, 잔 반죽이 최대한 적게 나오도록 한다(요구사항에 반죽은 전량을 사용하여 성형하라고 되어 있음).

④ 팬닝하기, 굽기

① 바닥에 로스팅한 호두를 깔고, 국자를 사용해 충전물을 70∼80% 정도 팬닝한다. 사진 ❽, 사진 ❾

② 윗불 160℃, 아랫불 160℃에서 50∼60여 분 굽는다.

슈(익반죽법)

⊙ 2시간

요구사항 슈를 제조하여 제출하시오.

❶ 배합표의 재료를 계량하여 재료별로 진열하시오(5분).
- 재료 계량(재료당 1분) → [감독위원 계량 확인] → 작품 제조 및 정리정돈(전체 시험시간 − 재료 계량시간)
- 재료 계량시간 내에 계량을 완료하지 못하여 시간이 초과된 경우 및 계량을 잘못한 경우는 추가의 시간 부여 없이 작품 제조 및 정리정돈 시간을 활용하여 요구사항의 무게대로 계량
- 달걀의 계량은 감독위원이 지정하는 개수로 계량
❷ 껍질 반죽은 수작업으로 하시오.
❸ 반죽은 직경 3cm 전후의 원형으로 짜시오.
❹ 커스터드 크림을 껍질에 넣어 제품을 완성하시오.
❺ 반죽은 전량을 사용하여 성형하시오.

배합표

재료명	비율(%)	무게(g)	재료 계량
물	125	250	
버터	100	200	
소금	1	2	
중력분	100	200	
달걀	200	400	
계	**526**	**1,052**	

※ 충전용 재료는 계량시간에서 제외

커스터드 크림	500	1,000

먼저 생각해 두기

❶ 반죽을 익혀서 만든다(익반죽법).

❷ 반죽의 되기가 중요하다.

❸ 구울 때 색이 나기 전에는 절대로 오븐을 열지 않는다.

❹ 손반죽으로 한다.

준비하기

❶ 가루재료는 체 쳐둔다.

❷ 짤주머니, 둥근 깍지를 준비한다.

❸ 철판, 스프레이를 준비한다.

❹ 익반죽이므로 안전을 위해서 장갑을 준비한다.

 1. 반죽의 되기에 따라서 달걀이 남을 수도 있다.

2. 커스터드 크림은 만들어서 제공된다. 짤주머니에 담아서 슈 껍질에 골고루 넣어 준다.

1 반죽하기(1)

볼에 물, 소금, 버터를 넣고 강불에 팔팔 끓인다. 사진 **❶**, 사진 **❷**

2 반죽하기(2)

① 불을 끄고 중력분을 넣어 골고루 섞는다. 사진 **❸**

② 바닥에 살짝 막이 생길 정도로 익힌다. 사진 **❹**, 사진 **❺**

 반죽을 익힐 때 바닥이 눌어서 타지 않도록 주의한다.

3 반죽하기(3)

불에서 내려서 달걀을 1~2개씩 넣으면서 휘퍼로 섞고, 반죽의 되기를 조절한다. 사진 ❻, 사진 ❼

 1. 반죽의 되기는 되직하게 천천히 흘러내리는 정도로 한다.
2. 달걀을 다 넣으면 반죽이 너무 질어져서 실패할 수도 있다.

4 성형하기

짤주머니에 둥근깍지를 끼우고 반죽을 담아서 지름 3cm 정도의 크기로 짠다. 사진 ❽

⑤ 굽기 전

반죽 윗면에 분무기로 물을 충분히 뿌려 준다. 사진 ⑨

⑥ 굽기

윗불 190℃, 아랫불 200℃(10∼15분)에 구운 후, 색이 나면 윗불 170℃, 아랫불 160℃로 내려서(20여분) 굽는다. 사진 ⑩

 갈라진 부분에 색이 들면 다 구워진 것이다. 색이 들지 않았을 때에는 절대로 오븐을 열면 안 된다.

❼ 크림 충전

슈 껍질의 바닥이나 옆면에 구멍을 내고 지급받은 크림을 충전한다. 사진 ⓫, 사진 ⓬

 커스터드 크림이 모자라거나 남지 않도록 크림의 양을 적절하게 조절하여 사용해야 한다.

PART **2**

제빵기능사
Bakery

재료의 계량을 시작으로 믹서를 사용해서 빵 반죽을 만들고, 반죽을 발효시키고, 분할, 둥글기, 중간발효, 정형, 팬닝, 2차 발효의 과정을 거치면서 빵을 굽는 작업을 한다. 구수하고 맛있는 빵을 만드는 행복한 업무를 수행한다.

우유식빵(스트레이트법)

합격 강의

⊙ **3시간 40분**

요구사항 우유식빵을 제조하여 제출하시오.

❶ 배합표의 각 재료를 계량하여 재료별로 진열하시오(8분).
  • 재료 계량(재료당 1분) → [감독위원 계량 확인] → 작품 제조 및 정리정돈(전체 시험시간 − 재료 계량시간)
  • 재료 계량시간 내에 계량을 완료하지 못하여 시간이 초과된 경우 및 계량을 잘못한 경우는 추가의 시간 부여 없이
    작품 제조 및 정리정돈 시간을 활용하여 요구사항의 무게대로 계량
  • 달걀의 계량은 감독위원이 지정하는 개수로 계량
❷ 반죽은 스트레이트법으로 제조하시오(단, 유지는 클린업 단계에 첨가하시오).
❸ 반죽 온도는 27℃를 표준으로 하시오.
❹ 표준분할무게는 180g으로 하고, 제시된 팬의 용량을 감안하여 결정하시오(단, 분할무게×3을 1개의 식빵으로 함).
❺ 반죽은 전량을 사용하여 성형하시오.

배합표

재료명	비율(%)	무게(g)	재료 계량
강력분	100	1,200	
우유	40	480	
물	29	348	
이스트	4	48	
제빵개량제	1	12	
소금	2	24	
설탕	5	60	
쇼트닝	4	48	
계	185	2,220	

먼저 생각해 두기

❶ 반죽 : 100%(클린업 단계에서 유지를 넣고 최종단계까지 믹싱)

❷ 반죽 온도 : 27℃

❸ 성형 : 삼봉형

준비하기

❶ 계절에 따라 우유의 온도를 조절한다.

❷ 유지는 부드럽게 해둔다.

❸ 식빵 틀은 발효시간에 유지로 잘 닦아둔다.

❹ 2차 발효할 때 오븐을 예열한다.

❶ 반죽하기 : 100%(최종단계), 반죽 온도 27℃

① 믹싱 볼에 유지를 제외한 전재료를 넣고 저속 믹싱한다.

② 클린업 단계에서 유지를 넣고, 중속과 고속으로 최종단계까지 반죽한다(반죽 온도는 27℃). 사진 ❶, 사진 ❷

❷ 1차 발효

① 온도 27℃, 습도 75~80%의 상태에서 60여 분 발효한다.

② 발효상태를 핑거테스트로 확인한다. 사진 ❸

3 분할하기

180g으로 분할한다. 이때 덧가루는 조금만 사용한다. 사진 ❹

4 둥글리기

두 손으로 표면이 매끄러워지도록 둥글리기 한다. 사진 ❺

5 중간발효

① 나무판 위에 분할한 순서대로 놓고 비닐을 덮어둔다. 이 상태로 15~20분 정도 중간발효시킨다.

② 중간발효 후, 분할한 순서대로 성형한다. 사진 ❻

❻ 성형 : 삼봉형

① 밀대로 반죽을 밀어편다. 사진 ❼

② 반죽을 뒤집어서 삼겹 접기를 한다. 사진 ❽

③ 둥글게 단단히 만다. 사진 ❾

④ 이음매를 봉한다.

7 팬닝하기

식빵 틀에 이음매가 아래로 가게 하여 같은 방향으로 3개씩 팬닝한 후 가볍게 눌러 준다(식빵 틀 4개 사용).
사진 ⑩

8 2차 발효 : 틀보다 1~1.5cm 높게 발효

온도 35℃, 습도 85%의 상태에서 틀보다 1~1.5cm 높게 발효한다. 사진 ⑪

9 굽기

윗불 170℃, 아랫불 180℃에서 30~35분 정도 굽는다.

 1. 오븐 위치에 따라서 색이 달라지면 위치를 바꾸어서 색이 골고루 나게 한다.
2. 오븐에서 꺼낸 후 틀에서 바로 뺀다.

합격 강의

옥수수식빵(스트레이트법)

⊙ 3시간 40분

요구사항 옥수수식빵을 제조하여 제출하시오.

❶ 배합표의 각 재료를 계량하여 재료별로 진열하시오(10분).
  - 재료 계량(재료당 1분) → [감독위원 계량 확인] → 작품 제조 및 정리정돈(전체 시험시간 − 재료 계량시간)
  - 재료 계량시간 내에 계량을 완료하지 못하여 시간이 초과된 경우 및 계량을 잘못한 경우는 추가의 시간 부여 없이 작품 제조 및 정리정돈 시간을 활용하여 요구사항의 무게대로 계량
  - 달걀의 계량은 감독위원이 지정하는 개수로 계량
❷ 반죽은 스트레이트법으로 제조하시오(단, 유지는 클린업 단계에서 첨가하시오).
❸ 반죽 온도는 27℃를 표준으로 하시오.
❹ 표준분할무게는 180g으로 하고, 제시된 팬의 용량을 감안하여 결정하시오(단, 분할무게×3을 1개의 식빵으로 함).
❺ 반죽은 전량을 사용하여 성형하시오.

배합표

재료명	비율(%)	무게(g)	재료 계량
강력분	80	960	
옥수수분말	20	240	
물	60	720	
이스트	3	36	
제빵개량제	1	12	
소금	2	24	
설탕	8	96	
쇼트닝	7	84	
탈지분유	3	36	
달걀	5	60	
계	189	2,268	

먼저 생각해 두기

❶ 반죽 : 90%(클린업 단계에서 유지를 넣고 일반 식빵보다 짧은 최종전단계까지 믹싱)

❷ 반죽 온도 : 27℃

❸ 성형 : 삼봉형

❹ 옥수수식빵은 오븐스프링이 조금 적게 일어난다.

준비하기

❶ 유지는 부드럽게 해둔다.

❷ 식빵틀은 발효시간에 유지로 잘 닦아둔다.

❸ 2차 발효를 할 때 오븐을 예열한다.

❶ 반죽하기 : 90%(최종전단계), 반죽 온도 27℃

① 믹싱 볼에 유지를 제외한 전재료를 넣고 저속 믹싱한다.

② 클린업 단계에서 유지를 넣고, 중속과 고속으로 일반 식빵보다 짧은 최종전단계까지 믹싱한다(반죽 온도
　는 27℃). 사진 ❶, 사진 ❷

❷ 1차 발효

① 온도 27℃, 습도 75~80%의 상태에서 60여 분 발효를 한다.

② 발효상태를 핑거테스트로 확인한다. 사진 ❸

③ 분할하기

180g으로 분할한다. 이때 덧가루는 조금만 사용한다. 사진 ❹

④ 둥글리기

두 손으로 표면이 매끄러워지도록 둥글리기한다. 사진 ❺

⑤ 중간발효

① 나무판 위에 분할한 순서대로 놓고 비닐을 덮어둔다. 이 상태로 15~20분 정도 중간발효시킨다.

② 중간발효 후, 분할한 순서대로 성형한다. 사진 ❻

❻ 성형 : 삼봉형

① 밀대로 반죽을 밀어편다. 사진 ❼

② 반죽을 뒤집어서 삼겹 접기를 한다. 사진 ❽, 사진 ❾

③ 둥글게 단단히 만다. 사진 ❿

④ 이음매를 봉한다. 사진 ⓫

7 팬닝하기

식빵 틀에 이음매가 아래로 가게 하여 같은 방향으로 3개씩 팬닝한 후 가볍게 눌러 준다(식빵 틀 4개 사용).

사진 ⑫

8 **2차 발효 : 틀보다 1.5~2cm 높게 발효**

온도 35℃, 습도 85%의 상태에서 틀보다 1.5~2cm 높게 발효한다.

 옥수수식빵은 오븐스프링이 적어서 2차 발효에 주의해야 한다(일반 식빵보다 조금 높게 발효시킨다).

9 **굽기**

윗불 170℃, 아랫불 180℃에서 30~35분 정도 굽는다.

제빵기능사

풀만식빵(스트레이트법)

⊙ 3시간 40분

합격 강의

요구사항 풀만식빵을 제조하여 제출하시오.

❶ 배합표의 각 재료를 계량하여 재료별로 진열하시오(9분).
- 재료 계량(재료당 1분) → [감독위원 계량 확인] → 작품 제조 및 정리정돈(전체 시험시간 – 재료 계량시간)
- 재료 계량시간 내에 계량을 완료하지 못하여 시간이 초과된 경우 및 계량을 잘못한 경우는 추가의 시간 부여 없이 작품 제조 및 정리정돈 시간을 활용하여 요구사항의 무게대로 계량
- 달걀의 계량은 감독위원이 지정하는 개수로 계량
❷ 반죽은 스트레이트법으로 제조하시오(단, 유지는 클린업 단계에 첨가하시오).
❸ 반죽 온도는 27℃를 표준으로 하시오.
❹ 표준분할무게는 250g으로 하고, 제시된 팬의 용량을 감안하여 결정하시오(단, 분할무게×2를 1개의 식빵으로 함).
❺ 반죽은 전량을 사용하여 성형하시오.

배합표

재료명	비율(%)	무게(g)	재료 계량
강력분	100	1,400	
물	58	812	
이스트	4	56	
제빵개량제	1	14	
소금	2	28	
설탕	6	84	
쇼트닝	4	56	
달걀	5	70	
분유	3	42	
계	183	2,562	

먼저 생각해 두기

❶ 반죽 : 100%(클린업 단계에서 유지를 넣고 최종단계까지 믹싱)

❷ 반죽 온도 : 27℃

❸ 성형 : 이봉형

준비하기

❶ 유지는 부드럽게 해둔다.

❷ 뚜껑을 덮는 식빵이다.

❸ 식빵 틀은 발효시간에 유지로 잘 닦아둔다.

❹ 2차 발효를 할 때 오븐을 예열한다.

❶ 반죽하기 : 100%(최종단계), 반죽 온도 27℃

① 믹싱 볼에 유지를 제외한 전재료를 넣고 저속 믹싱한다.

② 클린업 단계에서 유지를 넣고, 중속과 고속으로 최종단계까지 반죽한다(반죽 온도는 27℃). 사진 ❶, 사진 ❷

❷ 1차 발효

① 온도 27℃, 습도 75~80%의 상태에서 60여 분 발효한다.

② 발효상태를 핑거테스트로 확인한다. 사진 ❸

❸ 분할하기

250g으로 10개 분할한다. 이때 덧가루는 조금만 사용한다. 사진 ❹

❹ 둥글리기

두 손으로 표면이 매끄러워지도록 둥글리기한다. 사진 ❺

❺ 중간발효

① 나무판 위에 분할한 순서대로 놓고 비닐을 덮어둔다. 이 상태로 15~20분 정도 중간발효시킨다.

② 중간발효 후, 분할한 순서대로 성형한다. 사진 ❻

6 성형 : 이봉형

① 밀대로 반죽을 밀어편다. 사진 ❼
② 반죽을 뒤집어서 삼겹 접기를 한다. 사진 ❽
③ 둥글게 단단히 만다. 사진 ❾, 사진 ❿
④ 이음매를 봉한다. 사진 ⓫

7 팬닝하기

식빵 틀에 이음매가 아래로 가게 하여 같은 방향으로 2개씩 팬닝한 후 가볍게 눌러 준다(식빵 틀 5개 사용).
사진 ⑫

1. 팬닝 방향에 주의한다.
2. 반죽이 닿는 뚜껑 부분도 유지로 잘 닦아둔다.

8 2차 발효 : 틀보다 1cm 낮게 발효

온도 35~40℃, 습도 85% 정도의 상태에서 틀보다 1cm 낮게 발효한다. 사진 ⑬

2차 발효 시 틀보다 반죽이 높지 않게 주의한다(반죽이 너무 올라오면 뚜껑을 덮을 때 반죽에 상처가 난다).

9 굽기

뚜껑을 덮어서 윗불 180℃, 아랫불 180℃에서 40~50분 정도 굽는다.

1. 구울 때에도 뚜껑이 있으니 주의해야 한다.
2. 뚜껑을 조금 열어서 껍질 색을 확인한다.

버터톱 식빵(스트레이트법)

합격 강의

⊙ 3시간 30분

요구사항   **버터톱 식빵을 제조하여 제출하시오.**

❶ 배합표의 각 재료를 계량하여 재료별로 진열하시오(9분).
- 재료 계량(재료당 1분) → [감독위원 계량 확인] → 작품 제조 및 정리정돈(전체 시험시간 – 재료 계량시간)
- 재료 계량시간 내에 계량을 완료하지 못하여 시간이 초과된 경우 및 계량을 잘못한 경우는 추가의 시간 부여 없이 작품 제조 및 정리정돈 시간을 활용하여 요구사항의 무게대로 계량
- 달걀의 계량은 감독위원이 지정하는 개수로 계량
❷ 반죽은 스트레이트법으로 만드시오(단, 유지는 클린업 단계에서 첨가하시오).
❸ 반죽 온도는 27℃를 표준으로 하시오.
❹ 분할무게 460g짜리 5개를 만드시오(한 덩이 : One Loaf).
❺ 윗면을 길이로 자르고 버터를 짜 넣는 형태로 만드시오.
❻ 반죽은 전량을 사용하여 성형하시오.

배합표

재료명	비율(%)	무게(g)	재료 계량
강력분	100	1,200	
물	40	480	
이스트	4	48	
제빵개량제	1	12	
소금	1.8	21.6(22)	
설탕	6	72	
버터	20	240	
탈지분유	3	36	
달걀	20	240	
계	195.8	2,349.6(2,350)	
※ 계량시간에서 제외			
버터(바르기용)	5	60	

먼저 생각해 두기

❶ 반죽 : 100%(클린업 단계에서 유지를 넣고 최종단계까지 믹싱)

❷ 반죽 온도 : 27℃

❸ 성형 : 원로프형

❹ 굽기 전 윗면을 자르고 바르기용 버터를 짠다.

준비하기

❶ 유지는 부드럽게 해둔다.

❷ 굽기 전 윗면에 짜는 바르기용 버터를 부드럽게 한 후, 짤주머니에 담아둔다(2차 발효 시 준비).

❸ 식빵 틀은 발효시간에 유지로 잘 닦아둔다.

❹ 2차 발효를 할 때 오븐을 예열한다.

TIP 원로프(One Loaf)

400g 용량의 틀에 구운 빵. 일본 특유의 명칭으로서 오픈톱, 라운드톱브레드라 불리는 식빵과 같은 빵이다. 즉, 윗면이 볼록한 정육면체 빵이다. 미국에서의 원로프는 1개의 빵을 의미한다.

① **반죽하기** : 100%(최종단계), 반죽 온도 27℃

① 믹싱볼에 유지를 제외한 전재료를 넣고 저속 믹싱한다.

② 클린업 단계에서 유지를 넣고, 중속과 고속으로 최종단계까지 반죽한다(반죽 온도는 27℃). 사진 **①**, 사진 **②**

② **1차 발효**

① 온도 27℃, 습도 75~80%의 상태에서 60여 분 발효한다.

② 발효상태를 핑거테스트로 확인한다. 사진 **③**

❸ 분할하기

460g으로 분할한다. 이때 덧가루는 조금만 사용한다. 사진 ❹

❹ 둥글리기

두 손으로 표면이 매끄러워지도록 둥글리기한다. 사진 ❺

❺ 중간발효

① 나무판 위에 분할한 순서대로 놓고 비닐을 덮어둔다. 이 상태로 15~20분 정도 중간발효시킨다.

② 중간발효 후, 분할한 순서대로 성형한다. 사진 ❻

6 **성형 : 원로프형**

① 밀대로 반죽을 밀어편다. 사진 **❼**

② 반죽을 뒤집어 놓는다.

③ 위에서부터 단단히 만다. 사진 **❽**

④ 이음매를 봉한다. 사진 **❾**

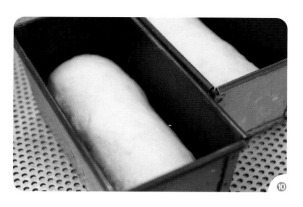 

7 **팬닝하기**

식빵 틀에 이음매가 아래로 가게 하여 틀에 1개씩 팬닝한 후 가볍게 눌러 준다(식빵 틀 5개 사용). 사진 ❿

8 **2차 발효 : 틀보다 2cm 낮게 발효**

온도 38~40℃, 습도 85~90%의 상태에서 틀보다 2cm 정도 낮게 발효한다.

 2차 발효에 주의한다. 틀보다 2cm 정도 낮게 발효시킨다.

9 **굽기 전 : 버터(바르기용) 짜기**

반죽 중앙에 칼을 사용해 깊이 2~3mm 정도의 '_' 자로 길게 자르고 버터를 짠다. 사진 ⓫

 굽기 전 칼집내기 깊이에 주의한다(2~3mm 정도 깊이).

10 **굽기**

윗불 170℃, 아랫불 180℃에서 30~35분 정도 굽는다.

 색이 덜 나면 옆면이 찌그러진다.

밤식빵 (스트레이트법)

합격 강의

⊙ 3시간 40분

요구사항 | **밤식빵을 제조하여 제출하시오.**

❶ 반죽 재료를 계량하여 재료별로 진열하시오(10분).
  • 재료 계량(재료당 1분) → [감독위원 계량 확인] → 작품 제조 및 정리정돈(전체 시험시간 – 재료 계량시간)
  • 재료 계량시간 내에 계량을 완료하지 못하여 시간이 초과된 경우 및 계량을 잘못한 경우는 추가의 시간 부여 없이 작품 제조 및 정리정돈 시간을 활용하여 요구사항의 무게대로 계량
  • 달걀의 계량은 감독위원이 지정하는 개수로 계량
❷ 반죽은 스트레이트법으로 제조하시오.
❸ 반죽 온도는 27℃를 표준으로 하시오.
❹ 분할무게는 450g으로 하고, 성형 시 450g의 반죽에 80g의 통조림 밤을 넣고 정형하시오(한 덩이 : One Loaf).
❺ 토핑물을 제조하여 굽기 전에 토핑하고 아몬드를 뿌리시오.
❻ 반죽은 전량을 사용하여 성형하시오.

배합표

반죽

재료명	비율(%)	무게(g)	재료 계량
강력분	80	960	
중력분	20	240	
물	52	624	
이스트	4.5	54	
제빵개량제	1	12	
소금	2	24	
설탕	12	144	
버터	8	96	
탈지분유	3	36	
달걀	10	120	
계	192.5	2,310	

토핑

재료명	비율(%)	무게(g)	재료 계량
마가린	100	100	
설탕	60	60	
베이킹파우더	2	2	
달걀	60	60	
중력분	100	100	
아몬드 슬라이스	50	50	
계	372	372	
※ 충전용 · 토핑 재료는 계량시간에서 제외			
밤 다이스 (시럽 제외)	35	420	

먼저 생각해 두기

❶ 반죽 : 100%(클린업 단계에서 유지를 넣고 최종 단계까지 믹싱)

❷ 반죽 온도 : 27℃

❸ 성형 : 원로프형

❹ 통조림 밤을 넣고 성형한다.

❺ 굽기 전 윗면에 토핑을 짜고 아몬드 슬라이스를 뿌린다.

준비하기

❶ 유지는 부드럽게 해둔다.

❷ 발효시간에 크림법으로 토핑을 만들어서 톱날깍지를 끼운 짤주머니에 담아둔다.

❸ 식빵 틀은 발효시간에 유지로 잘 닦아둔다.

❹ 2차 발효를 할 때 오븐을 예열한다.

❶ 반죽하기 : 100%(최종단계), 반죽 온도 27℃

① 믹싱 볼에 유지를 제외한 전재료를 넣고 저속 믹싱한다.

② 클린업 단계에서 유지를 넣고, 중속과 고속으로 최종단계까지 반죽한다(반죽 온도는 27℃). 사진 ❶, 사진 ❷

❷ 1차 발효

① 온도 27℃, 습도 75〜80%의 상태에서 60여 분 발효한다.

② 발효상태를 핑거테스트로 확인한다. 사진 ❸

③ 분할하기, 둥글리기

① 450g으로 5개 분할한다. 이때 덧가루는 조금만 사용한다.

② 두 손으로 표면이 매끄러워지도록 둥글리기한다. 사진 ❹

④ 중간발효

① 나무판 위에 분할한 순서대로 놓고 비닐을 덮어둔다. 이 상태로 15~20분 정도 중간발효시킨다.

② 중간발효 후, 분할한 순서대로 성형한다. 사진 ❺

5 **성형 : 원로프형**

① 밀대로 반죽을 밀어편다. 사진 ❻

② 반죽을 뒤집어 놓고, 충전용 밤 80g을 골고루 펼친다. 사진 ❼

③ 위에서부터 단단히 만다. 사진 ❽

④ 이음매를 봉한다. 사진 ❾

⑥ 팬닝하기

식빵 틀에 이음매가 아래로 가게 하여 1개씩 팬닝한 후 가볍게 눌러준다(식빵 틀 5개 사용). 사진 ⑩

7 토핑 만들기 : 크림법

① 부드럽게 불려 둔 마가린에 설탕을 2회에 나누어 넣고 크림화한다. 사진 ⑪

② 달걀을 넣고 흡란시킨다(아이보리색).

③ 체 친 중력분과 베이킹파우더를 넣고 섞는다. 사진 ⑫

④ 톱날깍지를 끼운 짤주머니에 담아둔다. 사진 ⑬

 토핑은 상황에 따라서 1차 발효할 때 만들어도 된다.

8 **2차 발효 :** 틀보다 1.5~2cm 정도 낮게 발효

온도 35~38℃, 습도 80~85%의 상태에서 틀보다 1.5~2cm 정도 낮게 발효한다.

 2차 발효를 많이 시키면 토핑이 흘러넘친다. 또한 구운 후에 옆면이 약해서 찌그러지기 쉽다.

9 **굽기 전 :** 토핑짜기

① 짤주머니에 담아 둔 토핑을 3~4줄 짠다. 사진 **⑭**

② 토핑 위에 아몬드 슬라이스를 골고루 뿌린다. 사진 **⑮**

 토핑은 깍지의 크기에 따라서 몇 줄을 짤지 판단하나, 너무 많이 짜면 오븐스프링이 일어나면서 흘러넘칠 수 있다.

10 **굽기**

윗불 170℃, 아랫불 180℃에서 30~35분 정도 굽는다.

 1. 오븐 위치에 따라서 색이 달라지면 위치를 바꾸어서 색이 골고루 나게 한다.
2. 오븐에서 꺼낸 후 틀에서 바로 빼야 하며, 토핑이 틀에 붙어서 꺼낼 때 빵의 모양이 변할 수 있으므로 조심히 빼도록 한다.

식빵(비상스트레이트법)

⊙ 2시간 40분

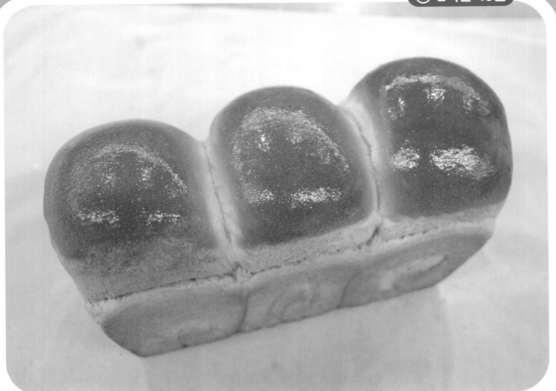

요구사항 | 식빵(비상스트레이트법)을 제조하여 제출하시오.

❶ 배합표의 각 재료를 계량하여 재료별로 진열하시오(8분).

- 재료 계량(재료당 1분) → [감독위원 계량 확인] → 작품 제조 및 정리정돈(전체 시험시간 − 재료 계량시간)
- 재료 계량시간 내에 계량을 완료하지 못하여 시간이 초과된 경우 및 계량을 잘못한 경우는 추가의 시간 부여 없이 작품 제조 및 정리정돈 시간을 활용하여 요구사항의 무게대로 계량
- 달걀의 계량은 감독위원이 지정하는 개수로 계량

❷ 비상스트레이트법 공정에 의해 제조하시오(반죽 온도는 30℃로 한다).

❸ 표준분할무게는 170g으로 하고, 제시된 팬의 용량을 감안하여 결정하시오(단, 분할무게×3을 1개의 식빵으로 함).

❹ 반죽은 전량을 사용하여 성형하시오.

배합표

재료명	비율(%)	무게(g)	재료 계량
강력분	100	1,200	
물	63	756	
이스트	5	60	
제빵개량제	2	24	
설탕	5	60	
쇼트닝	4	48	
탈지분유	3	36	
소금	1.8	21.6(22)	
계	183.8	2,205.6(2,206)	

먼저 생각해 두기

❶ 반죽 : 120%(클린업 단계에서 유지를 넣고 최종단계 후기까지 믹싱)

❷ 반죽 온도 : 30℃

❸ 성형 : 삼봉형

준비하기

❶ 유지는 부드럽게 해둔다.

❷ 식빵 틀은 발효시간에 유지로 잘 닦아둔다.

❸ 2차 발효를 할 때 오븐을 예열한다.

> **TIP 비상스트레이트법**
> 1. 일반 식빵 반죽보다 20~25% 정도 늘려 최종단계 후기까지 믹싱한다.
> 2. 최종 반죽 온도는 30℃로 한다.
> 3. 장점 : 제조시간이 짧아 노동력과 임금 절약, 비상(주문)시 빠르게 대처 가능
> 4. 단점 : 발효시간이 짧아 빵이 쉽게 노화, 저장성 감소, 고르지 못한 제품의 부피, 제품의 이스트 냄새

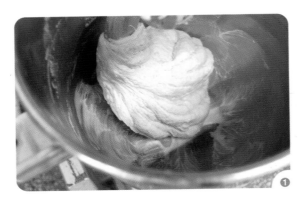

❶ 반죽하기 : 120%(최종단계 후기), 반죽 온도 30℃

① 믹싱 볼에 유지를 제외한 전재료를 넣고 저속 믹싱한다.

② 클린업 단계에서 유지를 넣고, 중속과 고속으로 최종단계 후기까지(120%) 반죽한다(반죽 온도는 30℃).

　　사진 ❶, 사진 ❷, 사진 ❸

❷ 1차 발효

① 온도 30℃, 습도 75~80%의 상태에서 30여 분 발효한다.

② 발효상태를 핑거테스트로 확인한다.

3 분할하기

170g으로 분할한다. 이때 덧가루는 조금만 사용한다. 사진 ❹

4 둥글리기

두 손으로 표면이 매끄러워지도록 둥글리기한다. 사진 ❺

5 중간발효

① 나무판 위에 분할한 순서대로 놓고 비닐을 덮어둔다. 이 상태로 15~20분 정도 중간발효시킨다.

② 중간발효 후, 분할한 순서대로 성형한다.

6 성형 : 삼봉형

① 밀대로 반죽을 밀어편다. 사진 ❻

② 반죽을 뒤집어서 3겹 접기를 한다. 사진 ❼, 사진 ❽

③ 둥글게 단단히 만다. 사진 ❾, 사진 ❿

④ 이음매를 봉한다. 사진 ⓫

7 팬닝하기

식빵 틀에 이음매가 아래로 가게 하여 같은 방향으로 3개씩 팬닝한 후 가볍게 눌러 준다(식빵 틀 4개 사용).

8 2차 발효 : 틀보다 0.5cm 높게 발효

온도 35~40℃, 습도 85~90%의 상태에서 틀보다 0.5cm 높게 발효한다.

9 굽기

윗불 170℃, 아랫불 180℃에서 30~35분 정도 굽는다.

제빵기능사

쌀식빵(스트레이트법)

합격 강의

⊘ **3시간 40분**

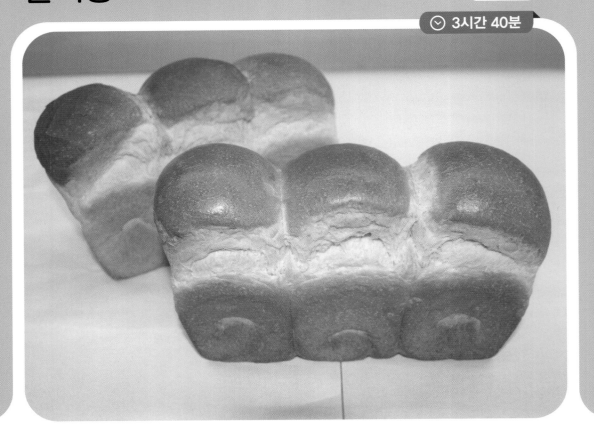

요구사항 | 쌀식빵을 제조하여 제출하시오.

❶ 배합표의 각 재료를 계량하여 재료별로 진열하시오(9분).

- 재료 계량(재료당 1분) → [감독위원 계량 확인] → 작품 제조 및 정리정돈(전체 시험시간 – 재료 계량시간)
- 재료 계량시간 내에 계량을 완료하지 못하여 시간이 초과된 경우 및 계량을 잘못한 경우는 추가의 시간 부여 없이 작품 제조 및 정리정돈 시간을 활용하여 요구사항의 무게대로 계량
- 달걀의 계량은 감독위원이 지정하는 개수로 계량

❷ 반죽은 스트레이트법으로 제조하시오(단, 유지는 클린업 단계에서 첨가하시오).

❸ 반죽 온도는 27℃를 표준으로 하시오.

❹ 분할무게는 198g씩으로 하고, 제시된 팬의 용량을 감안하여 결정하시오(단, 분할무게×3을 1개의 식빵으로 함).

❺ 반죽은 전량을 사용하여 성형하시오.

배합표

재료명	비율(%)	무게(g)	재료 계량
강력분	70	910	
쌀가루	30	390	
물	63	819(820)	
이스트	3	39(40)	
소금	1.8	23.4(24)	
설탕	7	91(90)	
쇼트닝	5	65(66)	
탈지분유	4	52	
제빵개량제	2	26	
계	185.8	2,415.4(2,418)	

먼저 생각해 두기

❶ 반죽 : 90%(클린업 단계에서 유지를 넣고 일반 식빵보다 짧은 최종단계 전까지 믹싱)
❷ 반죽 온도 : 27℃
❸ 성형 : 삼봉형

준비하기

❶ 유지는 부드럽게 해둔다.
❷ 식빵 틀은 발효시간에 유지로 잘 닦아둔다.
❸ 2차 발효를 할 때 오븐을 예열한다.

1 **반죽하기** : 90%(최종단계 전), 반죽 온도 27℃

① 믹싱 볼에 유지를 제외한 전재료를 넣고 저속 믹싱한다.

② 클린업 단계에서 유지를 넣고, 중속과 고속으로 최종단계 전까지 반죽한다(반죽 온도는 27℃). 사진 ❶

2 **1차 발효**

① 온도 27℃, 습도 75~80%의 상태에서 50여 분 발효시킨다.

② 발효상태를 핑거테스트로 확인한다. 사진 ❷

3 **분할하기**

198g으로 분할한다. 이때 덧가루는 조금만 사용한다. 사진 ❸

4 **둥글리기**

두 손으로 표면이 매끄러워지도록 둥글리기 한다. 사진 ❹

5 **중간발효**

① 나무판 위에 분할한 순서대로 놓고 비닐을 덮어 10~15분 정도 중간발효시킨다.

② 중간발효 후, 분할한 순서대로 성형한다. 사진 ❺

TIP 쌀식빵은 단백질 함량이 적어 반죽 시간과 1차 발효 시간을 일반 식빵에 비해 조금 짧게 한다.

6 성형 : 삼봉형

① 밀대로 반죽을 밀어편다. 사진 ❻
② 반죽을 뒤집어서 삼겹 접기를 한다. 사진 ❼, 사진 ❽
③ 둥글게 단단히 만다. 사진 ❾
④ 이음매를 봉한다. 사진 ❿

7 팬닝하기

식빵 틀에 이음매가 아래로 가게 하여 같은 방향으로 3개씩 팬닝한 후 가볍게 눌러준다(식빵 틀 4개 사용).
사진 ⓫

8 2차 발효 : 틀보다 1~1.5cm 높게 발효

온도 35℃, 습도 85%의 상태에서 틀보다 1~1.5cm 높게 발효한다. 사진 ⓬

9 굽기

윗불 170℃, 아랫불 180℃에서 30~35분 정도 굽는다.

제빵기능사

단팥빵(비상스트레이트법)

⊘ **3시간**

요구사항   단팥빵(비상스트레이트법)을 제조하여 제출하시오.

❶ 배합표의 각 재료를 계량하여 재료별로 진열하시오(9분).
  - 재료 계량(재료당 1분) → [감독위원 계량 확인] → 작품 제조 및 정리정돈(전체 시험시간－재료 계량시간)
  - 재료 계량시간 내에 계량을 완료하지 못하여 시간이 초과된 경우 및 계량을 잘못한 경우는 추가의 시간 부여 없이 작품 제조 및 정리정돈 시간을 활용하여 요구사항의 무게대로 계량
  - 달걀의 계량은 감독위원이 지정하는 개수로 계량
❷ 반죽은 비상스트레이트법으로 제조하시오(단, 유지는 클린업 단계에 첨가하고, 반죽 온도는 30℃로 한다).
❸ 반죽 1개의 분할 무게는 50g, 팥앙금 무게는 40g으로 제조하시오.
❹ 반죽은 24개를 성형하여 제조하고, 남은 반죽은 감독위원의 지시에 따라 별도로 제출하시오.

배합표

재료명	비율(%)	무게(g)	재료 계량
강력분	100	900	
물	48	432	
이스트	7	63(64)	
제빵개량제	1	9(8)	
소금	2	18	
설탕	16	144	
마가린	12	108	
탈지분유	3	27(28)	
달걀	15	135(136)	
계	204	1,836(1,838)	
※ 충전용 재료는 계량시간에서 제외			
통팥앙금	–	960	

먼저 생각해 두기

❶ 반죽 : 120%(클린업 단계에서 유지를 넣고 최종단계 후기까지 믹싱)

❷ 반죽 온도 : 30℃

❸ 성형 : 둥근 모양, 앙금싸기

준비하기

❶ 유지는 부드럽게 해둔다.

❷ 1차 발효 시에 앙금을 분할하여 둥글리기를 해둔다.

❸ 철판은 발효시간에 유지로 잘 닦아둔다.

❹ 2차 발효를 할 때 오븐을 예열한다.

❶ 반죽하기 : 120%(최종단계 후기), 반죽 온도 30℃

① 믹싱 볼에 유지를 제외한 전재료를 넣고 저속 믹싱한다.

② 클린업 단계에서 유지를 넣고, 중속과 고속으로 최종단계 후기까지(120%) 반죽한다(반죽 온도는 30℃).
　　사진 ❶, 사진 ❷

❷ 1차 발효

① 온도 30℃, 습도 75~80%의 상태에서 30여 분 발효한다.

② 발효상태를 핑거테스트로 확인한다. 사진 ❸

 1차 발효 시 팥앙금을 분할해둔다(40g씩 둥글리기).

❸ 분할하기

50g으로 분할한다. 이때 덧가루는 조금만 사용한다. 사진 ❹

❹ 둥글리기

분할한 반죽을 손바닥 위에 올려서 표면이 매끄러워지도록 둥글리기한다. 사진 ❺

❺ 중간발효

① 나무판 위에 분할한 순서대로 놓고 비닐을 덮어 10~15분 정도 중간발효시킨다.

② 중간발효 후, 분할한 순서대로 성형한다. 사진 ❻

❻ 성형 : 둥근 모양

① 반죽을 가볍게 눌러서 가스를 빼고 이음매 부분 쪽에 앙금을 올려서 앙금주걱으로 누르면서 앙금을 싼다.
   사진 ❼

② 반죽이 오므라들게 앙금을 눌러서 모양을 잡는다. 사진 ❽

③ 반죽의 이음매를 봉한다. 사진 ❾

7 팬닝하기

① 이음매가 철판 쪽으로 가도록 일정한 간격으로 팬닝하고 가볍게 눌러 준다.

② 목란으로 중간에 구멍을 낸다. 사진 ⑩

③ 팬닝한 후 목란으로 누르지 않는 방법도 있다. 사진 ⑪

8 2차 발효

온도 38℃, 습도 85%의 상태에서 30~40분 정도 발효한다.

9 굽기

윗불 180~190℃, 아랫불 160℃에서 12~15분 정도 굽는다.

단과자빵(소보로빵)(스트레이트법)

합격 강의

⊙ 3시간 30분

요구사항 | 단과자빵(소보로빵)을 제조하여 제출하시오.

❶ 빵반죽 재료를 계량하여 재료별로 진열하시오(9분).

- 재료 계량(재료당 1분) → [감독위원 계량 확인] → 작품 제조 및 정리정돈(전체 시험시간 − 재료 계량시간)
- 재료 계량시간 내에 계량을 완료하지 못하여 시간이 초과된 경우 및 계량을 잘못한 경우는 추가의 시간 부여 없이 작품 제조 및 정리정돈 시간을 활용하여 요구사항의 무게대로 계량
- 달걀의 계량은 감독위원이 지정하는 개수로 계량

❷ 반죽은 스트레이트법으로 제조하시오(단, 유지는 클린업 단계에 첨가하시오).

❸ 반죽 온도는 27℃를 표준으로 하시오.

❹ 반죽 1개의 분할무게는 50g씩, 1개당 소보로 사용량은 약 30g씩으로 제조하시오.

❺ 토핑용 소보로는 배합표에 따라 직접 제조하여 사용하시오.

❻ 반죽은 24개를 성형하여 제조하고, 남은 반죽과 토핑용 소보로는 감독위원의 지시에 따라 별도로 제출하시오.

배합표

빵반죽

재료명	비율(%)	무게(g)	재료 계량
강력분	100	900	
물	47	423(422)	
이스트	4	36	
제빵개량제	1	9(8)	
소금	2	18	
마가린	18	162	
탈지분유	2	18	
달걀	15	135(136)	
설탕	16	144	
계	205	1,845(1,844)	

토핑용 소보로(※계량시간에서 제외)

재료명	비율(%)	무게(g)	재료 계량
중력분	100	300	
설탕	60	180	
마가린	50	150	
땅콩버터	15	45(46)	
달걀	10	30	
물엿	10	30	
탈지분유	3	9(10)	
베이킹파우더	2	6	
소금	1	3	
계	251	753	

먼저 생각해 두기

❶ 반죽 : 100%(클린업 단계에서 유지를 넣고 최종 단계까지 믹싱)

❷ 반죽 온도 : 27℃

❸ 성형 : 둥근 모양, 토핑용 소보로 찍기

준비하기

❶ 유지는 부드럽게 해둔다.

❷ 1차 발효 시 토핑용 소보로를 만든다(크림법).

❸ 철판은 발효시간에 유지로 잘 닦아둔다.

❹ 2차 발효를 할 때 오븐을 예열한다.

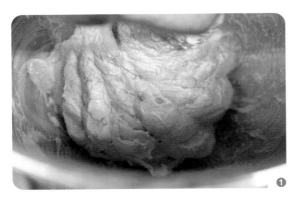

1 반죽하기 : 100%(최종단계), 반죽 온도 27℃

① 믹싱 볼에 유지를 제외한 전재료를 넣고 저속 믹싱한다.

② 클린업 단계에서 유지를 넣고, 중속과 고속으로 최종단계까지 반죽한다(반죽 온도는 27℃). 사진 **1**, 사진 **2**

2 1차 발효

① 온도 27℃, 습도 75~80%의 상태에서 60여 분 발효한다.

② 발효상태를 핑거테스트로 확인한다.

3 토핑용 소보로 만들기

① 마가린과 땅콩버터를 볼에 담아서 부드럽게 풀어 준 후에 설탕, 소금, 물엿을 넣어 크림화하고 달걀을 넣어서 흡란시킨다.

② 테이블 위에 중력분, 분유, 베이킹파우더를 체 친 후, 그 위에 ①을 올린다. 사진 **3**

③ 스크래퍼를 사용해서 콩알 크기로 다지고, 손으로 고슬고슬하게 덩어리가 없게 한다. 사진 **4**

1. 토핑용 소보로를 만들 때에는 여름에는 크림화를 조금만 하고(질지 않게) 겨울에는 크림화를 많이 한다.

2. 수험생 연습 및 교육 실습 시 기존 토핑 배합량에 1.4%를 곱하면 잔여 반죽 없이 모든 재료 소진이 가능하다.

④ 분할하기

50g으로 분할한다. 이때 덧가루는 조금만 사용한다. 사진 ❺

⑤ 둥글리기

분할한 반죽을 손바닥 위에 올려서 표면이 매끄러워지도록 둥글리기한다. 사진 ❻

⑥ 중간발효

① 나무판 위에 분할한 순서대로 놓고 비닐을 덮어 10~15분 정도 중간발효시킨다.

② 중간발효 후, 분할한 순서대로 성형한다. 사진 ❼

7 성형 : 둥근 모양

① 중간발효된 반죽을 가볍게 다시 둥글리기한 후, 눌러서 가스를 뺀다.

② 이음매 부분 쪽을 잡고 물을 반죽의 2/3 정도 묻혀 준다. 사진 **8**

③ 소보로 26g 정도 위에 물을 묻힌 반죽을 올려 놓고, 손으로 눌러서 소보로를 찍는다. 사진 **9**

④ 반죽의 가운데를 손가락으로 조금 세워서 볼륨감을 준다. 사진 **10**

 1. 소보로를 30g으로 계량하여 어느 정도의 양인지 확인한다. 그 후 다른 반죽을 소보로에 찍을 때에는 30g이 어느 정도
   인지 눈대중으로 가져다가 찍는다. 반죽을 한 번 찍을 때마다 소보로를 30g씩 계량해서 찍으면 시간 초과가 될 수 있으
   니 주의한다.
2. 처음에 소보로를 많이 찍으면 마지막에 소보로가 부족해질 수 있으므로 주의한다.
3. 반죽은 24개를 성형하여 제출하고, 남은 반죽과 토핑용 소보로는 감독위원의 지시에 따라 별도로 제출한다.

⑧ 팬닝하기

토핑이 위로 향하게 하고, 철판에 간격을 맞춰서 12개씩 팬닝한다.

⑨ 2차 발효

온도 38℃, 습도 85%의 상태에서 30여 분 발효한다.

⑩ 굽기

윗불 190℃, 아랫불 150℃에서 15분 정도 굽는다.

 습기가 많을 경우에는 조금 말린 후 굽는다.

단과자빵(트위스트형) (스트레이트법)

합격 강의

⊙ 3시간 30분

요구사항 | 단과자빵(트위스트형)을 제조하여 제출하시오.

❶ 배합표의 각 재료를 계량하여 재료별로 진열하시오(9분).
  • 재료 계량(재료당 1분) → [감독위원 계량 확인] → 작품 제조 및 정리정돈(전체 시험시간 – 재료 계량시간)
  • 재료 계량시간 내에 계량을 완료하지 못하여 시간이 초과된 경우 및 계량을 잘못한 경우는 추가의 시간 부여 없이 작품 제조 및 정리정돈 시간을 활용하여 요구사항의 무게대로 계량
  • 달걀의 계량은 감독위원이 지정하는 개수로 계량
❷ 반죽은 스트레이트법으로 제조하시오(단, 유지는 클린업 단계에 첨가하시오).
❸ 반죽 온도는 27℃를 표준으로 하시오.
❹ 반죽분할 무게는 50g이 되도록 하시오.
❺ 모양은 8자형 12개, 달팽이형 12개로 2가지 모양으로 만드시오.
❻ 완제품 24개를 성형하여 제출하고, 남은 반죽은 감독위원의 지시에 따라 별도로 제출하시오.

배합표

재료명	비율(%)	무게(g)	재료 계량
강력분	100	900	
물	47	422	
이스트	4	36	
제빵개량제	1	8	
소금	2	18	
설탕	12	108	
쇼트닝	10	90	
분유	3	26	
달걀	20	180	
계	199	1,788	

먼저 생각해 두기

❶ 반죽 : 100%(클린업 단계에서 유지를 넣고 최종단계까지 믹싱)

❷ 반죽 온도 : 27℃

❸ 성형 : 8자형(12개), 달팽이형(12개) 2가지 모양으로 만들기

준비하기

❶ 유지는 부드럽게 해둔다.

❷ 철판은 발효시간에 유지로 잘 닦아둔다.

❸ 2차 발효를 할 때 오븐을 예열한다.

❶ 반죽하기 : 100%(최종단계), 반죽 온도 27℃

① 믹싱 볼에 유지를 제외한 전재료를 넣고 저속 믹싱한다.

② 클린업 단계에서 유지를 넣고, 중속과 고속으로 최종단계까지 반죽한다(반죽 온도는 27℃). 사진 ❶, 사진 ❷

❷ 1차 발효

① 온도 27℃, 습도 75~80%의 상태에서 60여 분 발효한다.

② 발효상태를 핑거테스트로 확인한다. 사진 ❸

❸ 분할하기, 둥글리기

① 50g으로 분할한다. 이때 덧가루는 조금만 사용한다. 사진 ❹
② 분할한 반죽을 손바닥 위에 올려서 표면이 매끄러워지도록 둥글리기한다. 사진 ❺

❹ 중간발효

① 나무판 위에 분할한 순서대로 놓고 비닐을 덮어 10∼15분 정도 중간발효시킨다.
② 중간발효 후, 분할한 순서대로 성형한다. 사진 ❻

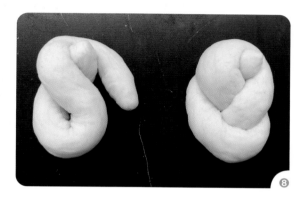

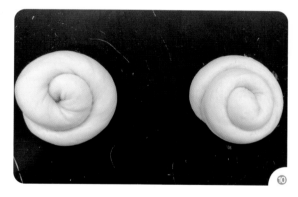

❺ 성형 : 8자형, 달팽이형

① 8자형 : 반죽을 조금씩 늘려서 25∼30cm로 한 후, 8자로 만다. 사진 ❼, 사진 ❽
② 달팽이형 : 반죽을 조금씩 늘리면서 한쪽을 조금 굵게 해서 30∼35cm 정도로 만든 후, 돌돌 말아서 성형한다. 사진 ❾, 사진 ❿

> **TIP** 8자형, 달팽이형 2가지 모양의 완제품 24개를 성형하여 제출하고, 남은 반죽은 감독위원의 지시에 따라 별도 제출한다.

❻ 팬닝하기, 2차 발효

철판에 간격을 맞춰서 같은 모양끼리 12개씩 팬닝하여 온도 38℃, 습도 85%의 상태에서 30여 분 발효한다.

❼ 굽기

윗불 190℃, 아랫불 150℃에서 15분 정도 굽는다.

제빵기능사

단과자빵(크림빵)(스트레이트법)

합격 강의

⊙ 3시간 30분

요구사항 단과자빵(크림빵)을 제조하여 제출하시오.

❶ 배합표의 각 재료를 계량하여 재료별로 진열하시오(9분).
- 재료 계량(재료당 1분) → [감독위원 계량 확인] → 작품 제조 및 정리정돈(전체 시험시간 – 재료 계량시간)
- 재료 계량시간 내에 계량을 완료하지 못하여 시간이 초과된 경우 및 계량을 잘못한 경우는 추가의 시간 부여 없이 작품 제조 및 정리정돈 시간을 활용하여 요구사항의 무게대로 계량
- 달걀의 계량은 감독위원이 지정하는 개수로 계량
❷ 반죽은 스트레이트법으로 제조하시오(단, 유지는 클린업 단계에 첨가하시오).
❸ 반죽 온도는 27℃를 표준으로 하시오.
❹ 반죽 1개의 분할무게는 45g, 1개당 크림 사용량은 30g으로 제조하시오.
❺ 제품 중 12개는 크림을 넣은 후 굽고, 12개는 반달형으로 크림을 충전하지 말고 제조하시오.
❻ 남은 반죽은 감독위원의 지시에 따라 별도로 제출하시오.

배합표

재료명	비율(%)	무게(g)	재료 계량
강력분	100	800	
물	53	424	
이스트	4	32	
제빵개량제	2	16	
소금	2	16	
설탕	16	128	
쇼트닝	12	96	
분유	2	16	
달걀	10	80	
계	201	1,608	

※ 충전용 재료는 계량시간에서 제외

커스터드 크림	1개당 30g	360

먼저 생각해 두기

❶ 반죽 : 100%(클린업 단계에서 유지를 넣고 최종단계까지 믹싱)

❷ 반죽 온도 : 27℃

❸ 성형 : 제품 중 12개는 크림을 넣은 후 굽고, 12개는 반달형으로 크림을 충전하지 말고 굽기

❹ 커스터드 크림은 제공하는 것을 각자 계량하여 사용하면 됨

준비하기

❶ 유지는 부드럽게 해둔다.

❷ 철판은 발효시간에 유지로 잘 닦아둔다.

❸ 2차 발효를 할 때 오븐을 예열한다.

❶ 반죽하기 : 100%(최종단계), 반죽 온도 27℃

① 믹싱 볼에 유지를 제외한 전재료를 넣고 저속 믹싱한다.

② 클린업 단계에서 유지를 넣고, 중속과 고속으로 최종단계까지 반죽한다(반죽 온도는 27℃). 사진 ❶, 사진 ❷

❷ 1차 발효

① 온도 27℃, 습도 75~80%의 상태에서 60여 분 발효한다.

② 발효상태를 핑거테스트로 확인한다.

❸ 분할하기

45g으로 분할한다. 이때 덧가루는 조금만 사용한다. 사진 ❸

④ 둥글리기

분할한 반죽을 손바닥 위에 올려서 표면이 매끄러워지도록 둥글리기한다. 사진 ④, 사진 ⑤

⑤ 중간발효

① 나무판 위에 분할한 순서대로 놓고 비닐을 덮어 10~15분 정도 중간발효시킨다.

② 중간발효 후, 분할한 순서대로 성형한다. 사진 ⑥

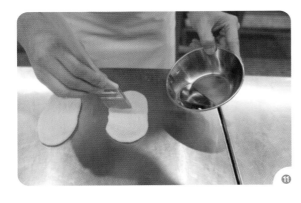

6 성형(1) : 크림을 넣고 굽기(12개)

① 밀대로 반죽을 15cm 정도의 타원형으로 밀어편다. 사진 ❼

② 반죽을 뒤집은 후, 반죽의 반 정도 테두리에 물을 조금 묻혀둔다. 사진 ❽

③ 크림 30g을 중앙에서 조금 앞으로 올리고 반을 접는다. 사진 ❾

④ 스크래퍼로 5군데에 1.5cm 정도의 깊이로 자른다. 사진 ❿

 크림은 둥근 깍지를 끼운 짤주머니를 사용하면 쉽게 충전할 수 있다.

7 성형(2) : 반달형 굽기(크림을 충전하지 말고 제조, 12개)

① 밀대로 반죽을 15cm 정도의 타원형으로 밀어편다. 사진 ❼

② 반죽의 1/2 정도에 식용유를 조금 바른다. 사진 ⓫

③ 반죽을 1/2로 접는다(위쪽 반죽이 아래쪽 반죽보다 조금 더 나오게 접는다). 사진 ⓬

 TIP 남은 반죽은 감독위원의 지시에 따라 별도로 제출한다.

⑬

⑭

8 팬닝하기

철판에 간격을 맞춰서 팬닝한다. 사진 ⑬

 TIP 철판 1장에 12개씩, 총 2장에 팬닝한다.

9 2차 발효

온도 38℃, 습도 85%의 상태에서 30분 정도 발효한다.

10 굽기

윗불 190℃, 아랫불 150℃에서 15분 정도 굽는다. 사진 ⑭

스위트롤(스트레이트법)

합격 강의

⊙ 3시간 30분

요구사항 **스위트롤을 제조하여 제출하시오.**

❶ 배합표의 각 재료를 계량하여 재료별로 진열하시오(9분).
  • 재료 계량(재료당 1분) → [감독위원 계량 확인] → 작품 제조 및 정리정돈(전체 시험시간 − 재료 계량시간)
  • 재료 계량시간 내에 계량을 완료하지 못하여 시간이 초과된 경우 및 계량을 잘못한 경우는 추가의 시간 부여 없이 작품 제조 및 정리정돈 시간을 활용하여 요구사항의 무게대로 계량
  • 달걀의 계량은 감독위원이 지정하는 개수로 계량
❷ 반죽은 스트레이트법으로 제조하시오(단, 유지는 클린업 단계에 첨가하시오).
❸ 반죽 온도는 27℃를 표준으로 사용하시오.
❹ 야자잎형 12개, 트리플리프(세잎새형) 9개를 만드시오.
❺ 계피설탕은 각자가 제조하여 사용하시오.
❻ 성형 후 남은 반죽은 감독위원의 지시에 따라 별도로 제출하시오.

배합표

재료명	비율(%)	무게(g)	재료 계량
강력분	100	900	
물	46	414	
이스트	5	45(46)	
제빵개량제	1	9(10)	
소금	2	18	
설탕	20	180	
쇼트닝	20	180	
탈지분유	3	27(28)	
달걀	15	135(136)	
계	212	1,908(1,912)	

※ 충전용 재료는 계량시간에서 제외

충전용 설탕	15	135(136)
충전용 계핏가루	1.5	13.5(14)

먼저 생각해 두기

❶ 반죽 : 100%(클린업 단계에서 유지를 넣고 최종단계까지 믹싱)

❷ 반죽 온도 : 27℃

❸ 성형 : 야자잎형 12개와 트리플리프형(세잎새형) 9개

준비하기

❶ 유지는 부드럽게 해둔다.

❷ 철판은 발효시간에 유지로 잘 닦아둔다.

❸ 오븐은 미리 예열해둔다.

❹ 발효시간에 계피설탕을 만든다.

❺ 1차 발효 시, 성형할 때 반죽에 바를 용해버터를 준비한다.

❻ 반죽에 바르는 용해 버터는 지급하는 것을 사용하면 된다.

① **반죽하기** : 100%(최종단계), 반죽 온도 27℃

① 믹싱 볼에 유지를 제외한 전재료를 넣고 저속 믹싱한다.

② 클린업 단계에서 유지를 넣고, 중속과 고속으로 최종단계까지 반죽한다(반죽 온도는 27℃). 사진 **①**, 사진 **②**

② **1차 발효**

① 온도 27℃, 습도 75~80%의 상태에서 60여 분 발효한다.

② 발효상태를 핑거테스트로 확인한다. 사진 **③**

3 발효 시 준비하기

① 충전용 토핑 재료(계피설탕)를 준비한다. 사진 ❹
② 지급하는 유지를 녹여 용해버터를 만든다.

4 분할하기

반죽을 2~3개의 덩어리로 분할한다. 이때 덧가루는 조금만 사용한다.

5 둥글리기

두 손으로 표면이 매끄러워지도록 살짝 둥글리기한 후, 손바닥으로 눌러둔다. 사진 ❺

6 중간발효

나무판 위에 분할한 순서대로 놓고 비닐을 덮어 10~15분 정도 중간발효시킨다.

7 성형(1)

① 반죽을 밀대로 십자(十)로 누른 후, 대각선 방향으로 밀어편다(세로 30cm, 두께 0.4~0.5cm). 사진 ❻, 사진 ❼

② 이음매 부분을 위해 1cm 정도 남기고 용해버터를 얇게 바른다.

③ 이음매 1cm에는 물을 발라둔다.

④ 충전용 계피설탕을 골고루 뿌리고 손바닥으로 얇게 펴 준다. 사진 ❽

⑤ 길이는 50cm 정도로 만들어(두 덩어리일 경우) 살짝 잡아당기듯이 말아 준다. 사진 ❾

 용해 버터를 많이 바르면 반죽을 자를 때와 2차 발효 후 버터가 흘러나올 수 있기 때문에 얇게 바르는 것이 좋다.

8 성형(2) : 야자잎형 12개, 트리플리프형(세잎새형) 9개

① 야자잎형 : 말아둔 반죽을 약 4cm 정도로 자른 후, 스크래퍼로 중앙을 2/3 정도 반으로 잘라 살짝 벌려서 성형한다. 사진 ❿

② 트리플리프형 : 말아둔 반죽을 약 5cm 정도로 자른 후, 스크래퍼로 중앙을 2/3 정도 두 곳을 잘라 살짝 벌려서 성형한다. 사진 ⓫

9 팬닝하기

철판에 간격을 맞춰서 팬닝한다.

 철판 1장에 한 종류씩, 총 2장에 팬닝하는 것이 좋다.

10 2차 발효

온도 38℃, 습도 85%의 상태에서 20분 정도 발효한다.

11 굽기

윗불 190~200℃, 아랫불 140~150℃에서 12~15분 정도 굽는다.

버터롤(스트레이트법)

합격 강의

⊙ 3시간 30분

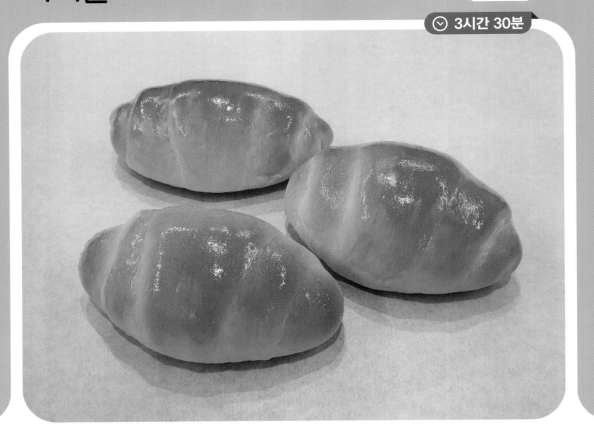

요구사항 | **버터롤을 제조하여 제출하시오.**

❶ 배합표의 각 재료를 계량하여 재료별로 진열하시오(9분).
- 재료 계량(재료당 1분) → [감독위원 계량 확인] → 작품 제조 및 정리정돈(전체 시험시간 − 재료 계량시간)
- 재료 계량시간 내에 계량을 완료하지 못하여 시간이 초과된 경우 및 계량을 잘못한 경우는 추가의 시간 부여 없이 작품 제조 및 정리정돈 시간을 활용하여 요구사항의 무게대로 계량
- 달걀의 계량은 감독위원이 지정하는 개수로 계량

❷ 반죽은 스트레이트법으로 제조하시오(단, 유지는 클린업 단계에 첨가하시오).

❸ 반죽 온도는 27℃를 표준으로 하시오.

❹ 반죽 1개의 분할무게는 50g으로 제조하시오.

❺ 제품의 형태는 번데기 모양으로 제조하시오.

❻ 24개를 성형하고, 남은 반죽은 감독위원의 지시에 따라 별도로 제출하시오.

배합표

재료명	비율(%)	무게(g)	재료 계량
강력분	100	900	
설탕	10	90	
소금	2	18	
버터	15	135(134)	
탈지분유	3	27(26)	
달걀	8	72	
이스트	4	36	
제빵개량제	1	9(8)	
물	53	477(476)	
계	196	1,764	

먼저 생각해 두기

❶ 반죽 : 100%(클린업 단계에서 유지를 넣고 최종단계까지 믹싱)
❷ 반죽 온도 : 27℃
❸ 성형 : 번데기 모양
❹ 시간 초과 주의

준비하기

❶ 유지는 부드럽게 해둔다.
❷ 철판은 발효시간에 유지로 잘 닦아둔다.
❸ 2차 발효를 할 때 오븐을 예열한다.

❶ 반죽하기 : 100%(최종단계), 반죽 온도 27℃

① 믹싱볼에 유지를 제외한 전재료를 넣고 저속 믹싱한다.

② 클린업 단계에서 유지를 넣고, 중속과 고속으로 최종단계까지 반죽한다(반죽 온도는 27℃). 사진 ❶, 사진 ❷

❷ 1차 발효

① 온도 27℃, 습도 75~80%의 상태에서 60여 분 발효한다.

② 발효상태를 핑거테스트로 확인한다. 사진 ❸

❸ 분할하기, 둥글리기

① 50g으로 분할한다. 이때 덧가루는 조금만 사용한다. 사진 ❹

② 분할한 반죽을 손바닥 위에 올려서 표면이 매끄러워지도록 둥글리기한다. 사진 ❺, 사진 ❻

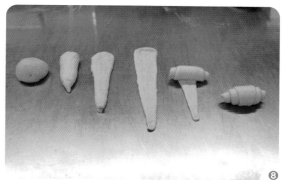

❹ 중간발효

① 나무판 위에 분할한 순서대로 놓고 비닐을 덮어, 10∼15분 정도 중간발효시킨다.

② 중간발효 후 분할한 순서대로 성형한다. 사진 ❼

❺ 성형 : 번데기 모양 사진 ❽

① 둥글리기한 반죽의 한쪽을 뾰족한 모양(올챙이 모양)으로 만든다.

② 꼬리 부분을 잡고 반죽을 밀대로 민다(약 30cm).

③ 머리 부분부터 위에서 밑으로 단단히 만다.

④ 이음매 부분이 밑으로 가게(풀리지 않게) 팬닝한다.

 1. 여름에는 발효가 빠르게 진행되기 때문에 성형을 서둘러서 하는 것이 좋다.

2. 반죽을 한 번에 밀어서 성형하면 반죽이 찢어지기 쉽다. 몇 번에 나누어서(휴지를 두고) 길게 밀어 성형한다.

3. 총 24개를 성형하여 제출하고, 남은 반죽은 감독위원의 지시에 따라 별도로 제출한다.

❻ 팬닝하기

철판에 간격을 맞춰서 12개씩 팬닝한다(철판 2장 사용).

❼ 2차 발효

온도 35℃, 습도 80∼85%의 상태에서 30분 정도 발효한다.

 과발효가 되지 않도록 주의한다.

❽ 굽기

윗불 190℃, 아랫불 140∼150℃에서 12∼15분 정도 굽는다.

그리시니(스트레이트법)

합격 강의

⊘ 2시간 30분

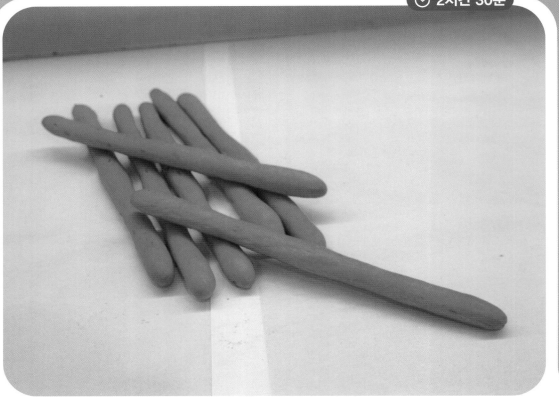

요구사항 | 그리시니를 제조하여 제출하시오.

❶ 배합표의 각 재료를 계량하여 재료별로 진열하시오(8분).
  • 재료 계량(재료당 1분) → [감독위원 계량 확인] → 작품 제조 및 정리정돈(전체 시험시간 – 재료 계량시간)
  • 재료 계량시간 내에 계량을 완료하지 못하여 시간이 초과된 경우 및 계량을 잘못한 경우는 추가의 시간 부여 없이 작품 제조 및 정리정돈 시간을 활용하여 요구사항의 무게대로 계량
  • 달걀의 계량은 감독위원이 지정하는 개수로 계량
❷ 전재료를 동시에 투입하여 믹싱하시오(스트레이트법).
❸ 반죽 온도는 27℃를 표준으로 하시오.
❹ 분할무게는 30g, 길이는 35~40cm로 성형하시오.
❺ 반죽은 전량을 사용하여 성형하시오.

배합표

재료명	비율(%)	무게(g)	재료 계량
강력분	100	700	
설탕	1	7(6)	
건조 로즈마리	0.14	1(2)	
소금	2	14	
이스트	3	21(22)	
버터	12	84	
올리브유	2	14	
물	62	434	
계	182.14	1,275(1,276)	

먼저 생각해 두기

❶ 반죽 : 80%(All in One 믹싱 – 모든 재료를 한 번에 모두 넣고 반죽하기)

❷ 반죽 온도 : 27℃

❸ 분할무게 : 30g

❹ 성형 : 35~40cm 길이의 막대 모양

준비하기

❶ 유지는 부드럽게 해둔다.

❷ 철판은 발효시간에 유지로 잘 닦아둔다.

❸ 2차 발효를 할 때 오븐을 예열한다.

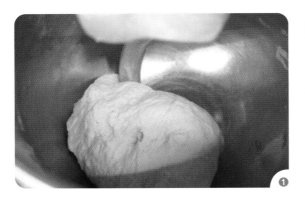

① 반죽하기 : 80%(발전단계), 반죽 온도 27℃

① 믹싱 볼에 유지를 제외한 전재료를 넣고 저속 믹싱한다.

② 클린업 단계에서 유지를 넣고, 중속과 고속으로 발전단계까지 반죽한다(반죽 온도는 27℃). 사진 ❶, 사진 ❷

② 1차 발효

① 온도 27℃, 습도 75~80%의 상태에서 30분 정도 발효한다.

② 반죽의 2배 정도 부풀게 발효시킨다.

③ 분할하기

30g으로 분할한다. 이때 덧가루는 조금만 사용한다. 사진 ❸

④ 둥글리기

분할한 반죽을 손바닥 위에 올려서 표면이 매끄러워지도록 둥글리기한다. 사진 ❹

5 **중간발효**

① 나무판 위에 분할한 순서대로 놓고 비닐을 덮어 10~15분 정도 중간발효시킨다.

② 중간발효 후, 분할한 순서대로 성형한다. 사진 **5**

6 **성형 : 35~40cm 길이의 막대모양**

① 반죽을 2~3회 정도 나눠서 길게 밀어 준다. 사진 **6**

② 한 번씩 길게 밀고 휴지를 시킨다.

7 **팬닝하기 & 2차 발효**

① 철판에 간격을 맞춰서 팬닝한다.

② 온도 35℃, 습도 75~80%의 상태에서 20분 정도 발효한다.

8 **굽기**

윗불 190~200℃, 아랫불 150℃에서 25~30분 정도 굽는다.

베이글(스트레이트법)

합격 강의

⊙ 3시간 30분

요구사항 베이글을 제조하여 제출하시오.

❶ 배합표의 각 재료를 계량하여 재료별로 진열하시오(7분).
  • 재료 계량(재료당 1분) → [감독위원 계량 확인] → 작품 제조 및 정리정돈(전체 시험시간−재료 계량시간)
  • 재료 계량시간 내에 계량을 완료하지 못하여 시간이 초과된 경우 및 계량을 잘못한 경우는 추가의 시간 부여 없이 작품 제조 및 정리정돈 시간을 활용하여 요구사항의 무게대로 계량
  • 달걀의 계량은 감독위원이 지정하는 개수로 계량
❷ 반죽은 스트레이트법으로 제조하시오.
❸ 반죽 온도는 27℃를 표준으로 하시오.
❹ 1개당 분할중량은 80g으로 하고 링 모양으로 정형하시오.
❺ 반죽은 전량을 사용하여 성형하시오.
❻ 2차 발효 후 끓는 물에 데쳐 팬닝하시오.
❼ 팬 2개에 완제품 16개를 구워 제출하고 남은 반죽은 감독위원의 지시에 따라 별도로 제출하시오.

배합표

재료명	비율(%)	무게(g)	재료 계량
강력분	100	800	
물	55~60	440~480	
이스트	3	24	
제빵개량제	1	8	
소금	2	16	
설탕	2	16	
식용유	3	24	
계	166~171	1,328~1,368	

먼저 생각해 두기

❶ 반죽 : 100%(All in One 믹싱 - 모든 재료를 한 번에 모두 넣고 반죽하기)

❷ 반죽 온도 : 27℃

❸ 분할무게 : 80g

❹ 성형 : 링 모양

❺ 2차 발효는 조금 덜 시킨다.

준비하기

❶ 2차 발효를 할 때 오븐을 예열한다.

❷ 2차 발효 시 데치기물을 준비한다.

① **반죽하기** : 100%(최종단계), 반죽 온도 27℃

믹싱 볼에 전재료를 한꺼번에 다 넣고 저속에서 고속으로 최종단계까지 믹싱한다(반죽 온도는 27℃). 사진 **①**

② **1차 발효**

① 온도 27℃, 습도 75~80%의 상태에서 30분 정도 발효한다.

② 발효상태를 핑거테스트로 확인한다. 사진 **②**

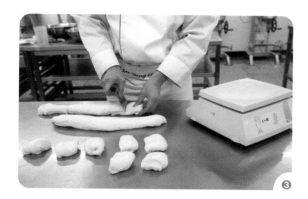

③ 분할하기

80g으로 분할한다. 이때 덧가루는 조금만 사용한다. 사진 ❸

④ 둥글리기

분할한 반죽을 손바닥 위에 올려서 표면이 매끄러워지도록 둥글리기한다. 사진 ❹

⑤ 중간발효

① 나무판 위에 분할한 순서대로 놓고 비닐을 덮어 10~15분 정도 중간발효시킨다.

② 중간발효 후, 분할한 순서대로 성형한다. 사진 ❺

6 🔵 **성형 : 링모양**

① 반죽을 눌러 가스를 빼고 20〜25cm 정도 길이의 막대형으로 만든다.

② 반죽의 한쪽 끝부분을 밀대로 얇게 밀어펴서 다른 쪽 부분을 감싸 링모양으로 만든다. 사진 ❻, 사진 ❼, 사진 ❽

7 🔵 **팬닝하기**

철판에 간격을 맞춰서 8개씩 팬닝한다.

> 계량지(유산지)를 잘라서 그 위에 반죽을 팬닝하고 발효한 후 데치기를 할 때 유산지를 제거하는 방법도 있다.

8 🔵 **2차 발효**

온도 35℃, 습도 75〜80%의 상태에서 20분 정도 발효한다.

> 2차 발효는 일반 빵보다 조금 덜 발효시킨다. 발효가 지나치면 반죽에 주름이 생길 수 있다.

9 굽기 전 : 데치기

① 가스레인지에 물을 올려 직화로 물을 끓인다(90℃).

② 끓는 물에 반죽을 넣고 나무주걱을 이용해서 반죽의 앞, 뒷면을 살짝 데친다. 사진 **9**

③ 물기를 뺀다. 사진 **10**

④ 다시 철판에 팬닝한다. 사진 **11**

10 굽기

윗불 200~210℃, 아랫불 180℃에서 20분 정도 굽는다.

TIP
   1. 팬 2장에 완제품 16개를 구워 제출한다.
   2. 데치기 후 상온(또는 발효기) 방치는 감점의 대상이 아니다.

모카빵 (스트레이트법)

합격 강의

⌄ 3시간 30분

요구사항   모카빵을 제조하여 제출하시오.

❶ 배합표의 빵반죽 재료를 계량하여 재료별로 진열하시오(11분).
  • 재료 계량(재료당 1분) → [감독위원 계량 확인] → 작품 제조 및 정리정돈(전체 시험시간 − 재료 계량시간)
  • 재료 계량시간 내에 계량을 완료하지 못하여 시간이 초과된 경우 및 계량을 잘못한 경우는 추가의 시간 부여 없이 작품 제조 및 정리정돈 시간을 활용하여 요구사항의 무게대로 계량
  • 달걀의 계량은 감독위원이 지정하는 개수로 계량
❷ 반죽은 스트레이트법으로 제조하시오(단, 유지는 클린업 단계에서 첨가하시오).
❸ 반죽 온도는 27℃를 표준으로 하시오.
❹ 반죽 1개의 분할무게는 250g, 1개당 비스킷은 100g씩으로 제조하시오.
❺ 제품의 형태는 타원형(럭비공 모양)으로 제조하시오.
❻ 토핑용 비스킷은 주어진 배합표에 의거 직접 제조하시오.
❼ 완제품 6개를 제출하고 남은 반죽은 감독위원 지시에 따라 별도로 제출하시오.

배합표

빵반죽

재료명	비율(%)	무게(g)	재료 계량
강력분	100	850	
물	45	382.5(382)	
이스트	5	42.5(42)	
제빵개량제	1	8.5(8)	
소금	2	17(16)	
설탕	15	127.5(128)	
버터	12	102	
탈지분유	3	25.5(26)	
달걀	10	85(86)	
커피	1.5	12.75(12)	
건포도	15	127.5(128)	
계	209.5	1,780.75(1,780)	

토핑용 비스킷(※계량시간에서 제외)

재료명	비율(%)	무게(g)	재료 계량
박력분	100	350	
버터	20	70	
설탕	40	140	
달걀	24	84	
베이킹파우더	1.5	5.25(5)	
우유	12	42	
소금	0.6	2.1(2)	
계	198.1	693.35(693)	

먼저 생각해 두기

❶ 반죽 : 100%(클린업 단계에서 유지를 넣고 최종 단계까지 믹싱)

❷ 반죽 온도 : 27℃

❸ 분할무게 : 반죽은 250g, 비스킷은 100g

❹ 성형 : 타원형(럭비공 모양)

준비하기

❶ 유지는 부드럽게 해둔다.

❷ 철판은 발효시간에 유지로 잘 닦아둔다.

❸ 2차 발효를 할 때 오븐을 예열한다.

❹ 1차 발효 시 토핑용 비스킷을 만들어서 냉장휴지 시킨다.

❶ 반죽하기 : 100%(최종단계), 반죽 온도 27℃

① 믹싱 볼에 유지와 건포도를 제외한 전재료를 넣고 저속 믹싱한다.

② 클린업 단계에서 유지를 넣고, 중속과 고속으로 최종단계까지 반죽한다(반죽 온도는 27℃). 사진 ❶

③ 반죽 완성 후 건포도를 저속 혼합한다. 사진 ❷

❷ 1차 발효

① 온도 27℃, 습도 75~80%의 상태에서 60여 분 발효한다. 사진 ❸

② 발효상태를 핑거테스트로 확인한다. 사진 ❹

③ 토핑용 비스킷 만들기 : 크림법

① 버터를 부드럽게 한 후 설탕과 소금을 넣어 크림화하고, 계란을 넣고 흡란시킨다. 사진 ❺

② 박력분과 베이킹파우더는 체를 쳐서 ①에 섞고, 우유를 넣고 반죽을 만든다. 사진 ❻

③ 만들어진 반죽은 비닐에 싸서 냉장 휴지시킨다.

④ 반죽을 살짝 치댄 후 비스킷은 100g으로 분할해둔다. 사진 ❼

④ 분할하기

250g으로 분할한다. 이때 덧가루는 조금만 사용한다. 사진 ⑧

⑤ 둥글리기

두 손으로 표면이 매끄러워지도록 둥글리기한다. 사진 ⑨

 둥글리기를 할 때 반죽 표면에 건포도가 있으면 발효되면서 갈라질 수 있으므로 반죽 표면에 있는 건포도는 반죽 속으로 집어넣어 주는 것이 좋다.

⑥ 중간발효

① 나무판 위에 분할한 순서대로 놓고 비닐을 덮어 15~20분 정도 중간발효시킨다.
② 중간발효 후, 분할한 순서대로 성형한다. 사진 ⑩

7 성형 : 타원형(럭비공 모양)

① 가볍게 가스를 빼주고 밀대로 밀어 타원형으로 만든다. 사진 ⑪

② 반죽을 뒤집어서 위에서부터 단단히 말아서 타원형으로 만든다. 사진 ⑫

③ 이음매가 일자가 되도록 잘 붙인다. 사진 ⑬

 완제품 6개를 만들어 제출하고, 남은 반죽은 감독위원의 지시에 따라 별도로 제출한다.

8 정형 : 토핑용 비스킷 싸기

① 분할한 토핑용 비스킷을 덧가루와 밀대로 빵 반죽 크기로 밀어편다. 사진 ⑭, 사진 ⑮

② 비스킷 반죽에 붓으로 물을 살짝 바른다. 사진 ⑯

③ 비스킷 반죽 위에 빵 반죽의 이음매가 위로 향하게 올린다. 사진 ⑰

④ 비스킷 반죽으로 빵 반죽을 가볍게 붙이고 살짝 감싼다. 사진 ⑱, 사진 ⑲

9 **팬닝하기**

철판에 간격을 맞춰서 3개씩 팬닝한다. 사진 ⑳

10 **2차 발효**

온도 35~38℃, 습도 80~85%의 상태에서 30분 정도 발효한다. 사진 ㉑

11 **굽기**

윗불 180℃, 아랫불 160℃에서 25~30분 정도 굽는다.

호밀빵(스트레이트법)

합격 강의

◇ 3시간 30분

요구사항 호밀빵을 제조하여 제출하시오.

❶ 배합표의 각 재료를 계량하여 재료별로 진열하시오(10분).
- 재료 계량(재료당 1분) → [감독위원 계량 확인] → 작품 제조 및 정리정돈(전체 시험시간－재료 계량시간)
- 재료 계량시간 내에 계량을 완료하지 못하여 시간이 초과된 경우 및 계량을 잘못한 경우는 추가의 시간 부여 없이 작품 제조 및 정리정돈 시간을 활용하여 요구사항의 무게대로 계량
- 달걀의 계량은 감독위원이 지정하는 개수로 계량

❷ 반죽은 스트레이트법으로 제조하시오.

❸ 반죽 온도는 25℃를 표준으로 하시오.

❹ 표준분할무게는 330g으로 하시오.

❺ 제품의 형태는 타원형(럭비공 모양)으로 제조하고, 칼집모양을 가운데 일(一)자로 내시오.

❻ 반죽은 전량을 사용하여 성형하시오.

배합표

재료명	비율(%)	무게(g)	재료 계량
강력분	70	770	
호밀가루	30	330	
이스트	3	33	
제빵개량제	1	11(12)	
물	60~65	660~715	
소금	2	22	
황설탕	3	33(34)	
쇼트닝	5	55(56)	
탈지분유	2	22	
몰트액	2	22	
계	178~183	1,958~2,016	

먼저 생각해 두기

❶ 반죽 : 80%(클린업 단계에서 유지를 넣고 최종단계 전까지 믹싱)
❷ 반죽 온도 : 25℃
❸ 분할무게 : 330g
❹ 성형 : 타원형(럭비공 모양)
❺ 굽기 전 윗면에 칼집 넣기

준비하기

❶ 유지는 부드럽게 해둔다.
❷ 철판은 발효시간에 유지로 잘 닦아둔다.
❸ 2차 발효를 할 때 오븐을 예열한다.

① **반죽하기** : 80%(최종단계 전), 반죽 온도 25℃

① 믹싱 볼에 유지를 제외한 전재료를 넣고 저속 믹싱한다.

② 클린업 단계에서 유지를 넣고, 중속과 고속으로 최종단계 전까지 반죽한다(반죽 온도는 25℃). 사진 ❶, 사진 ❷

② **1차 발효**

온도 24℃, 습도 75~80%의 상태에서 60여분 발효한 후 발효상태를 핑거테스트로 확인한다.

③ **분할하기, 둥글리기**

① 330g으로 분할한다. 이때 덧가루는 조금만 사용한다. 사진 ❸

② 두 손으로 표면이 매끄러워지도록 둥글리기한다. 사진 ❹

④ **중간발효**

① 나무판 위에 분할한 순서대로 놓고 비닐을 덮어 15~20분 정도 중간발효시킨다.

② 중간발효 후, 분할한 순서대로 성형한다. 사진 ❺

⑤ **성형** : 타원형(럭비공 모양)

① 가볍게 가스를 빼고 밀대로 밀어 타원형으로 만든다. 사진 ❻

② 반죽을 뒤집어서 위에서부터 단단히 말아서 타원형으로 만든다. 사진 ❼

③ 이음매가 일자가 되도록 잘 붙인다. 사진 ❽

⑥ **팬닝하기**

철판에 간격을 맞춰서 3개씩 팬닝한다. 사진 ❾

⑦ **2차 발효**

온도 38℃, 습도 85%의 상태에서 30~40분 정도 발효한다.

⑧ **굽기**

① 굽기 전 반죽 윗면에 일(─) 자로 칼집을 낸다. 사진 ❿

② 윗불 170℃, 아랫불 180℃에서 30~35분 정도 굽는다.

소시지빵 (스트레이트법)

합격 강의

⌄ 3시간 30분

요구사항 소시지빵을 제조하여 제출하시오.

❶ 반죽 재료를 계량하여 재료별로 진열하시오(10분).

　(토핑 및 충전물 재료의 계량은 휴지시간을 활용하시오.)

　• 재료 계량(재료당 1분) → [감독위원 계량 확인] → 작품 제조 및 정리정돈(전체 시험시간 − 재료 계량시간)

　• 재료 계량시간 내에 계량을 완료하지 못하여 시간이 초과된 경우 및 계량을 잘못한 경우는 추가의 시간 부여 없이 작품 제조 및 정리정돈 시간을 활용하여 요구사항의 무게대로 계량

　• 달걀의 계량은 감독위원이 지정하는 개수로 계량

❷ 반죽은 스트레이트법으로 제조하시오.　　　　　❸ 반죽 온도는 27℃를 표준으로 하시오.

❹ 반죽 분할무게는 70g씩 분할하시오.

❺ 완제품(토핑 및 충전물 완성)은 12개 제조하여 제출하고 남은 반죽은 감독위원이 지정하는 장소에 따로 제출하시오.

❻ 충전물은 발효시간을 활용하여 제조하시오.

❼ 정형 모양은 낙엽 모양 6개와 꽃잎 모양 6개씩 2가지로 만들어서 제출하시오.

배합표

반죽

재료명	비율(%)	무게(g)	재료 계량
강력분	80	560	
중력분	20	140	
생이스트	4	28	
제빵개량제	1	6	
소금	2	14	
설탕	11	76	
마가린	9	62	
탈지분유	5	34	
달걀	5	34	
물	52	364	
계	189	1,318	

토핑 및 충전물(※계량시간에서 제외)

재료명	비율(%)	무게(g)	재료 계량
프랑크소시지	100	(480)	
양파	72	336	
마요네즈	34	158	
피자치즈	22	102	
케첩	24	112	
계	252	1,188	

먼저 생각해 두기

❶ 반죽 : 100%(최종단계까지) 믹싱

❷ 반죽 온도 : 27℃

❸ 분할무게 : 70g

❹ 성형 : 낙엽 모양 6개와 꽃잎 모양 6개

❺ 굽기 전 반죽 위에 토핑하기

준비하기

❶ 유지는 부드럽게 해둔다.

❷ 철판은 발효시간에 유지로 잘 닦아둔다.

❸ 2차 발효를 할 때 오븐을 예열한다.

❹ 충전물은 발효시간을 활용하여 제조한다.

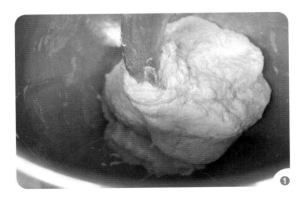

1 반죽하기 : 100%(최종단계), 반죽 온도 27℃

① 믹싱 볼에 유지를 제외한 전재료를 넣고 저속 믹싱한다.

② 클린업 단계에서 유지를 넣고, 중속과 고속으로 최종단계까지 반죽한다(반죽 온도는 27℃). 사진 ❶, 사진 ❷

2 1차 발효

① 온도 27℃, 습도 75~80%의 상태에서 60분 정도 발효한다.

② 발효상태를 핑거테스트로 확인한다.

3 분할하기

70g으로 분할한다. 이때 덧가루는 조금만 사용한다. 사진 ❸

4 둥글리기

반죽을 손바닥 위에 올려서 표면이 매끄러워지도록 둥글리기한다. 사진 ❹

5 중간발효

① 나무판 위에 분할한 순서대로 놓고 비닐을 덮어 10~15분 정도 중간발효시킨다.

② 중간발효 후, 분할한 순서대로 성형한다. 사진 ❺

6 토핑물 만들기

① 양파는 잘게 다진다.

② ①에 소량의 마요네즈와 피자치즈를 골고루 섞어둔다.

TIP 토핑 및 충전물 재료는 휴지시간을 활용해서 계량하고 만든다.

7 성형 : 낙엽 모양과 꽃잎 모양

① 꽃잎 모양 : 반죽으로 소시지를 감싸고 가위로 7~8개 정도를 자른 후, 반죽을 둥글게 만들어서 모양을 잡는다. 사진 **6**

② 낙엽 모양 : 반죽으로 소시지를 감싸고 가위로 8~10개 정도를 자른 후, 반죽을 엇갈리게 꼬아서 모양을 잡는다. 사진 **7**

8 팬닝하기

철판 1장에 한 종류씩, 총 2장에 팬닝한다.

9 2차 발효

온도 38℃, 습도 85%의 상태에서 20분 정도 발효한다.

10 굽기 전

① 반죽 위에 포크(스푼)로 토핑을 올린다. 사진 **8**

② ① 위에 피자치즈를 골고루 뿌리고 마요네즈와 케첩을 짜서 올린다. 사진 **9**, 사진 **10**

11 굽기

윗불 190~200℃, 아랫불 150℃에서 15~20분 정도 굽는다.

12 제출

완제품(토핑 및 충전물 완성)은 두 가지 모양을 6개씩 제조하여 제출하고, 남은 반죽은 감독위원이 지정하는 장소에 따로 제출한다.

빵도넛 (스트레이트법)

합격 강의

⊙ 3시간

요구사항 빵도넛을 제조하여 제출하시오.

❶ 배합표의 각 재료를 계량하여 재료별로 진열하시오(12분).

　• 재료 계량(재료당 1분) → [감독위원 계량 확인] → 작품 제조 및 정리정돈(전체 시험시간 – 재료 계량시간)

　• 재료 계량시간 내에 계량을 완료하지 못하여 시간이 초과된 경우 및 계량을 잘못한 경우는 추가의 시간 부여 없이 작품 제조 및 정리정돈 시간을 활용하여 요구사항의 무게대로 계량

　• 달걀의 계량은 감독위원이 지정하는 개수로 계량

❷ 반죽을 스트레이트법으로 제조하시오(단, 유지는 클린업 단계에서 첨가하시오).

❸ 반죽 온도는 27℃를 표준으로 하시오.

❹ 분할무게는 46g씩으로 하시오.

❺ 모양은 8자형 22개와 트위스트형(꽈배기형) 22개로 만드시오.

　(남은 반죽은 감독위원의 지시에 따라 별도로 제출하시오.)

배합표

재료명	비율(%)	무게(g)	재료 계량
강력분	80	880	
박력분	20	220	
설탕	10	110	
쇼트닝	12	132	
소금	1.5	16.5(16)	
탈지분유	3	33(32)	
이스트	5	55(56)	
제빵개량제	1	11(10)	
바닐라향	0.2	2.2(2)	
달걀	15	165(164)	
물	46	506	
넛메그	0.2	2.2(2)	
계	194	2,132.9(2,130)	

먼저 생각해 두기

❶ 반죽 : 100%(최종단계까지) 믹싱
❷ 반죽 온도 : 27℃
❸ 분할무게 : 46g
❹ 성형 : 8자형 22개, 트위스트형(꽈배기형) 22개
❺ 튀기기

준비하기

❶ 유지는 부드럽게 해둔다.
❷ 철판은 발효시간에 유지로 잘 닦아둔다.
❸ 튀김기름을 예열한다.
❹ 철판에 유산지를 깔아둔다.
❺ 안전을 위해서 장갑을 준비한다.

❶ 반죽하기 : 100%(최종단계), 반죽 온도 27℃

① 믹싱 볼에 유지를 제외한 전재료를 넣고 저속 믹싱한다.

② 클린업 단계에서 유지를 넣고, 중속과 고속으로 최종단계까지 반죽한다(반죽 온도는 27℃). 사진 ❶, 사진 ❷

❷ 1차 발효

① 온도 27℃, 습도 75~80%의 상태에서 60여 분 발효한다.

② 발효상태를 핑거테스트로 확인한다.

❸ 분할하기

46g으로 분할한다. 이때 덧가루는 조금만 사용한다. 사진 ❸

❹ 둥글리기

두 손으로 표면이 매끄러워지도록 둥글리기한다. 사진 ❹

❺ 중간발효

① 나무판 위에 분할한 순서대로 놓고 비닐을 덮어 10~15분 정도 중간발효시킨다.

② 중간발효 후 분할한 순서대로 성형한다. 사진 ❺

❻ 성형 : 8자형, 트위스트형(꽈배기형)

① 8자형 : 살짝 재둥글리기한 후, 반죽을 조금씩 늘려서 25cm 정도로 만들어 8자로 말아 준다. 사진 ❻

② 트위스트형(꽈배기형) : 반죽을 25cm 정도로 늘린 후, 중간은 약간 도톰하게 하고 양쪽 끝은 조금 가늘게 하여 반죽을 꼬아서 꽈배기 모양으로 만든다. 사진 ❻

❼ 팬닝하기

철판에 간격을 맞춰서 11개씩 철판 4장에 팬닝한다.

❽ 2차 발효

온도 35℃, 습도 75~85%의 상태에서 20~25분 정도 발효한다.

❾ 튀기기

180~185℃ 정도로 기름온도를 맞춘 후, 노릇하게 앞뒤로 튀겨 준다. 사진 ❼, 사진 ❽

 TIP
1. 만약 반죽에 물기가 많으면 조금 말려서 튀기도록 한다.
2. 반죽을 기름에 넣을 때에는 기름이 튀지 않게 그릇 가장자리에 조심히 넣어서 튀긴다.
3. 튀김을 건질 도구는 조심스럽게 다룬다.
4. 반죽을 넣을 때나 건질 때에는 기름온도를 조금 낮게 조절한다(온도가 높으면 나중에 건지는 도넛의 색이 진해질 수도 있다).
5. 통상적으로 설탕을 묻혀 제출하므로 감독위원의 지시에 따른다.

통밀빵(스트레이트법)

합격 강의

⊗ 3시간 30분

요구사항 통밀빵을 제조하여 제출하시오.

❶ 배합표의 각 재료를 계량하여 재료별로 진열하시오(10분).

(단, 토핑용 오트밀은 계량시간에서 제외한다.)

• 재료 계량(재료당 1분) → [감독위원 계량 확인] → 작품 제조 및 정리정돈(전체 시험시간 – 재료 계량시간)

• 재료 계량시간 내에 계량을 완료하지 못하여 시간이 초과된 경우 및 계량을 잘못한 경우는 추가의 시간 부여 없이 작품 제조 및 정리정돈 시간을 활용하여 요구사항의 무게대로 계량

• 달걀의 계량은 감독위원이 지정하는 개수로 계량

❷ 반죽은 스트레이트법으로 제조하시오.

❸ 반죽 온도는 25℃를 표준으로 하시오.

❹ 표준 분할 무게는 200g으로 하시오.

❺ 제품의 형태는 밀대(봉)형(22〜23cm)으로 제조하고, 표면에 물을 발라 오트밀을 보기 좋게 적당히 묻히시오.

❻ 8개를 성형하여 제출하고 남은 반죽은 감독위원의 지시에 따라 별도로 제출하시오.

배합표

재료명	비율(%)	무게(g)	재료 계량
강력분	80	800	
통밀가루	20	200	
이스트	2.5	25(24)	
제빵개량제	1	10	
물	63~65	630~650	
소금	1.5	15(14)	
설탕	3	30	
버터	7	70	
탈지분유	2	20	
몰트액	1.5	15(14)	
계	181.5~183.5	1,812(1,835)	
※ 토핑용 재료는 계량시간에서 제외			
(토핑용) 오트밀	–	200	

먼저 생각해 두기

❶ 반죽 : 80%(클린업 단계에서 유지를 넣고 최종단계 전까지 믹싱)

❷ 반죽 온도 : 25℃

❸ 분할무게 : 200g

❹ 성형 : 밀대(봉)형 22~23cm, 표면에 오트밀 묻히기

준비하기

❶ 유지는 부드럽게 해둔다.

❷ 몰트액은 반죽할 물 일부에 녹여서 반죽할 때 사용한다.

❸ 2차 발효를 할 때 오븐을 예열한다.

❶ 반죽하기 : 80%(최종단계 전), 반죽 온도 25℃

① 믹싱볼에 유지를 제외한 전재료를 넣고 저속 믹싱한다.

② 클린업 단계에서 유지를 넣고, 중속과 고속으로 최종단계 전까지 반죽한다. 사진 ❶, 사진 ❷

❷ 1차 발효

① 온도 27℃, 습도 75~80%의 상태에서 50~60여 분 발효한다.

② 발효상태를 핑거테스트로 확인한다. 사진 ❸

③ 분할하기

200g으로 분할한다. 이때 덧가루는 조금만 사용한다. 사진 ❹

④ 둥글리기

두 손으로 표면이 매끄러워지도록 둥글리기한다. 사진 ❺

⑤ 중간발효

① 나무판 위에 분할한 순서대로 놓고 비닐을 덮어 15~20분 정도 중간발효시킨다.

② 중간발효 후 분할한 순서대로 성형한다. 사진 ❻

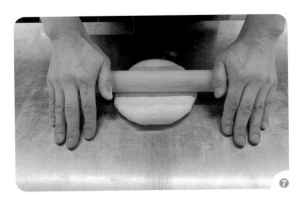

6 **성형 :** 밀대(봉)형 22~23cm 모양

① 가볍게 가스를 빼고 밀대로 길게 밀어 준다. 사진 **❼**

② 반죽을 뒤집어서 3겹 접기 식으로 접어서 길게 만든다.

③ 이음매가 일자가 되도록 잘 붙인다. 사진 **❽**

④ 윗면에 물을 조금 바른 후(스프레이로 물을 뿌려도 됨) 표면에 오트밀을 묻힌다. 사진 **❾**

TIP 8개를 성형하여 제출하고, 남은 반죽은 감독위원의 지시에 따라 별도로 제출한다.

7 **팬닝하기**

철판에 간격을 맞춰서 팬닝한다. 사진 ⑩

8 **2차 발효**

온도 32℃, 습도 85% 상태에서 30〜40분 정도 발효한다. 사진 ⑪

9 **굽기**

윗불 190〜200℃, 아랫불 170℃에서 15〜20분 정도 굽는다. 사진 ⑫

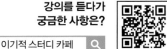